青年邓小平

陈廷一　著

中国社会出版社

图书在版编目(CIP)数据

青年邓小平/陈廷一著.—北京:中国社会出版社,2004.12
ISBN 978-7-5087-0383-1

Ⅰ.青…　Ⅱ.陈…　Ⅲ.邓小平(1904~1997)—
生平事迹　Ⅳ.A.762

中国版本图书馆 CIP 数据核字(2004)第 138083 号

书　　名:青年邓小平
著　　者:陈廷一
责任编辑:尤永弘

出版发行:中国社会出版社　　　　邮政编码:100032
通联方法:北京市西城区二龙路甲 33 号新龙大厦
编辑部电话:(010)66078402
电　　话:(010)66080300　　(010)66051713
(010)66051698　　(010)66063678
网　　址:www.shcbs.com.cn
经　　销:各地新华书店

印刷装订:中国电影出版社印刷厂
开　　本:170mm×250mm　1/16
印　　张:13.25
字　　数:214 千字
版　　次:2014 年 8 月第 2 版
印　　次:2014 年 8 月第 1 次印刷
定　　价:29.00 元

目　录

第一章　此处地灵生人杰

他出身名门，"邓家老院子"里有他的根

人杰地灵、物产丰富的四川，素有"天府之国"的美誉。

四川省的广安县就是一代伟人邓小平的故乡。

广安县位于四川省东北部华蓥山中段的丘陵地带，渠江流经县境。而位于广安县协兴乡牌坊村的"邓家老院子"则是邓小平出生的地方。这所院子是当时川东北农村常见的普通三合院，木质结构、灰瓦泥地掩映于茂密的竹林之中。

据说，当年邓家曾是当地的一门旺族，清初曾出过一位翰林，但不知何故却一代一代衰落了。

邓家虽说是旺族，但在广安县也算不上是富有的。到了邓小平的爷爷那一代，邓家便"田无几分，地无几亩"了。好在邓小平的爷爷虽无大能耐却"十分俭朴、勤劳，又会纺线织布，不辞劳苦地积攒家业"，为邓小平的父亲留下了十几亩的田地。这"邓家老院子"就是邓小平的曾祖父、祖父、父亲三代人建造的。

邓小平的父亲叫邓绍昌，字文明，出生在 1886 年，人们都叫他邓文明。

邓文明虽算不上是知识分子，但也读过一些书。起初，他只是一个典型的封建社会的顺民，他的思想及生活方式都沿袭着封建社会的轨迹，但又对这个社会不满。他目睹着穷苦百姓的生活一天比一天清贫，他痛恨晚清政府的腐败、无能与堕落。他认为这个社会到了该变革的时候了。但由于当时读书不够多，见识不够广，他对于社会该如何变革感到茫然。直到 20 世纪初他的内心受到了维新改良思潮和资产阶级民主革命思想的冲击，他的茫然忽然被全新的社会发展前景所代替。

1911 年辛亥革命爆发的时候，邓文明二十五岁左右，正是年轻气盛、血气方刚的年龄，久已积聚的革命热情一下子迸发了出来，他加入到了辛亥革命的队伍当中。由于当时孙中山的同盟会在四川广安成立了大汉蜀北军政府，邓文明就加入到当地的广安革命军中。

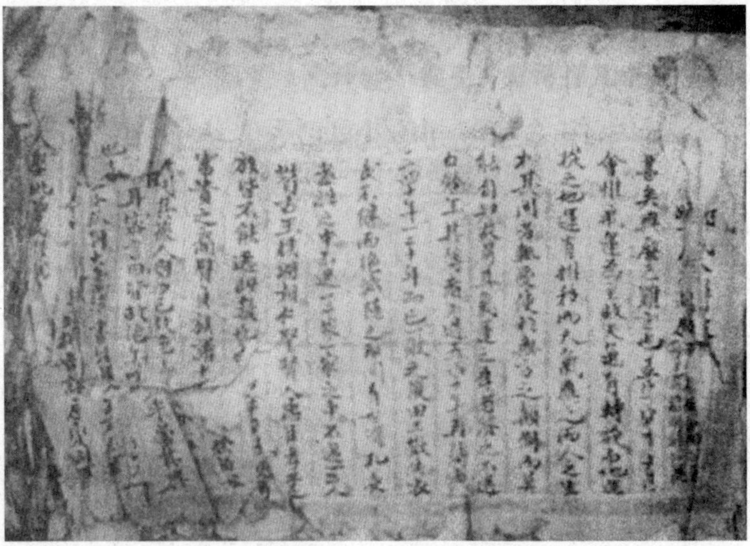

邓氏宗谱

据说,由于邓文明在当时也算个见过场面的人,为人又很义气,因此在革命军中还担任过一些类似团练局长的小头目。尽管当时的邓小平只有七八岁,父亲的那种高涨的革命热情却在他幼小的心灵里留下了深刻的印象。对他一生坚韧性格的形成及革命意志的成长产生了重要而深远的影响。

邓文明的墓地

邓文明的革命道路并不平坦。在当团练局长期间，他曾带人讨剿过当地的土匪郑某，并结下了仇怨。谁知造化弄人，后来这个昔日的土匪头子，居然被革命政府任命为某师师长，官自然要比邓文明这个团练局长大了许多。这位郑某人终于得到了报仇雪恨的机会，便对邓文明频频迫害。最终，邓文明不得不离乡背井到了重庆避难。并且在重庆一住就是八年。

正是邓文明的重庆避难，使得他有机会结识了一些朋友，并了解到了留法勤工俭学这档子事儿，也正因此才使得邓小平有机会走出这古朴的“邓家老院子”，走出国门，走向职业革命家、政治家的道路，铸就了他平凡而伟大的一生。这些都是后话。

由于邓文明过分专注于社会事务，而无心经营家业，虽然也为家里挣得了一些钱财，但家中不得不雇用了一些长工来种田，还要供几个儿女读书，日子过得并不宽裕。甚至有时还要变卖一些田产来补贴家用。

邓小平的母亲淡氏，大约是1901年嫁入邓家的。

邓小平母亲淡氏的墓地

据说，当时淡家也是当地的一门旺族，家业要比邓家大得多。可能是因为这个姑娘出嫁较晚（淡氏比邓文明大了两岁），加上邓家也还算有些家底儿，在当地名声也不错。所以，淡氏嫁入邓家也不算太委屈。

淡氏虽然不识字，却是邓家的一个顶梁柱。邓文明热心于社会事务，常年在外，邓家的一家老小及家业就全靠她一人打理。

淡氏十分聪明能干，勤劳朴实而且深知做人与处世的道理，她处处都能谦让有礼,事事总在想着别人。乡邻们对她也非常信任,有什么矛盾和困难都会找她帮忙。她非常热心,也总能帮人把事情处理得很好。在家中,她从来没有打骂过自己的孩子们,只是用自己的言传身教对子女的成长起着潜移默化的作用。她每天天不亮就起床操持家务,晚上要很晚才能休息。她尊老爱幼、任劳任怨,对婆母百般孝顺、关心备至,对子女悉心照顾、严格要求。

1904 年 8 月 22 日邓小平出生在这张床上

在母亲的影响下邓小平从小就很懂事,很少同母亲顶嘴或惹母亲生气。他体谅母亲的苦心,经常放学回家就帮忙做一些简单的家务,照顾弟弟妹妹或妈妈做饭时帮助烧烧火什么的。

因此,在所有的子女当中,淡氏对这个大儿子疼爱有加。哪怕家务再忙,她也要尽量把邓小平带在身边,形影不离。每逢邓小平出门,她都要给他带够钱和吃的,还要叮嘱几遍要早回来。邓小平回家晚了,她就会一边忙碌着手边的家务,一边时不时地站在门口张望一下,看小平回来没有。在邓小平十五岁要远渡重洋留学法国的时候,她曾极力反对。她不放心也舍不得自己最心爱的儿子背井离乡去受苦。但最终出于对儿子前途的考虑以及天下父母对儿女最无私的爱,她强忍悲痛为儿子打点了行装。

谁知这一别,她就再也没有见到这个让她倾注了无限的爱与思念的儿子。1926 年,当邓小平和他的同志们的革命事业正进行得如火如荼的时候,淡氏由于过度的劳累及对儿女的思念,过早离开了人世。

真是"古来忠孝难两全",邓小平最终未能够为他敬爱的母亲送终。

对于邓小平来说,如果说他从父亲身上学到了革命的热情与意志,母亲淡氏则教会了他做人与博爱的道理;"邓家老院子"是他的出生地,更是他最早接受革命启蒙教育的地方，“邓家老院子”里有他的根。

如今的“邓家老院子”，小有修缮，却依然保持着朴实无华的风格。正屋的大门上方，悬挂着一个木匾，木匾上是江泽民同志题写的“邓小平同志旧居”字样。虽然地处偏僻，每天仍有众多的参观者来这里瞻仰。1983 年著名作家马识途为邓小平故居题过一副长联。

邓小平故居

上联道：扶大厦之将倾，此处地灵生人杰

解危济困，安邦柱国，万民额手寿巨擘

下联道：挽狂澜于既倒，斯郡天宝蕴物华

治水秀山，兴工扶农，千载接踵颂广安

据说，邓小平自留法勤工俭学之日，便再也没有回到过这所生他养他的“邓家老院子”。

取名“邓先圣”，是要他承祖志、耀门庭

1904 年 8 月 22 日，“邓家老院子”里到处洋溢着喜庆，邓家的大儿子邓小平出世了。邓家到邓小平这一代，已是三代单传了，邓文明与妻子的第一胎又是个丫头，这对于具有传统重男轻女思想的父母来说，今日喜得贵子，自然成了天大

的喜事。

随着婴儿降世的第一声啼哭，接生婆高兴地喊着："生啦，生啦，是个少爷，是个少爷哉！"

早已在门外焦急等候的邓文明忙不迭地冲到门口，拍打着木门道：

"真的么，快让我进去看看我的儿子，快点，快点噢！"

此刻，邓文明已经被幸福包围了，有些忘乎所以，脸颊涨得通红，恨不得自己变成一只蜜蜂儿从门缝儿钻到房里，亲眼看一看他那亲生的儿子。

"瞧您急得，您再稍等片刻吧！"接生婆在屋内应着。

门没有开，产房内继续忙乱着。而刚出世的儿子似乎听到了父亲的呼唤，忽然停止了哭声。他睁开眼睛，乌黑、清澈的眼珠在眼眶里转来转去，仿佛在搜寻什么，又仿佛对这全新的世界充满了好奇。此刻的他还不知道，自己的降世，对邓家及整个中华民族所产生的深远意义。

门外的邓文明长长地出了一口气，平静了一下兴奋的情绪。他想，该是为儿子取个好名字的时候了。他一边沉思，一边自言自语着：

"这个小东西可是我的第一个儿子，名字也一定要大雅，他是先字辈自然要取个先字。姐姐叫先烈，那弟弟就叫先——先——先圣，对，叫先圣，邓先圣！"

邓文明似乎对自己取的这个名字非常满意，高兴地拍手称快。

产房的门终于开了，说是产房其实是邓文明夫妇的卧室，屋内的摆设不算多，体现了淡氏勤俭持家的风范。邓文明急切地奔向了那张雕花木床，因为那里躺着他最最心爱与敬重的妻子，还有那未曾谋面的儿子。

"还好吗?"邓文明俯在床前，轻轻地抚摩着妻子苍白的额头，深情地说："你又为邓家立了一大功啊！"

"嗯！"

妻子虚弱地应了一声，并回应了他一个幸福安详的微笑。

"看咱们的儿子长得多帅！" 邓文明捏了一下儿子胖胖的脸蛋，"我已经为咱们的儿子取好了一个名字，叫邓先圣，圣人的圣。你认为如何?"他还是抑制不住地将这个引以为豪的名字告诉了妻子。

"邓先圣？为什么叫邓先圣?"妻子想不明白这名字的缘由。

"你想啊！咱们邓家祖上，明代有忠臣烈士，清代有圣贤翰林。我们的女儿已取名先烈，儿子再取名先圣，既有承祖之志，又有望儿女成才、光耀邓家门庭之意，岂不妙哉！"

"邓先圣！"

大字不识一个的妻子，没太明白丈夫的话，却认为丈夫虽然也不算是读书人，但总归“见多识广”，取这样一个名字自然有他的道理，便也附和着：“妙哉，就依你了！”

可是，邓先圣这个名字邓小平只用到了五岁。在五岁进私塾发蒙之时，由于私塾先生认为，“先圣”这个名字犯了孔老夫子的名讳。孔子尚且被称为“圣”，你一个小小毛孩儿竟然叫“先圣”，这是对孔老夫子的大不敬。于是，为邓先圣改名“邓希贤”。

虽然，名字被改掉了，但邓小平却没有令父母失望。在当地流传着许多关于邓小平童年的动人故事。

由于受到母亲的良好影响，邓小平从小就热心助人。在北山小学堂的师生中流传着小平“劫”富济贫，解人危难的动人故事。

邓小平就读的广安县协兴乡初级小学堂

一天放学的路上，碰到一个同学在哭泣，小平等急忙围上去询问原因。这位同学流着泪说，妹妹得了重病，躺在床上发高烧。“那快去请医生呀！”有的同学急忙建议，听到这话那位同学哭得更伤心了。小平知道这位同学家里很穷，是没有钱请医生治病的。怎么办呢？他一路思索，盘算着回到了家。

第二天,小平一进学校就跑到那位同学身边,悄悄地塞给他五个银元,嘱咐他拿去给妹妹治病。这一笔钱在当时可不是一个小数目,可以买五百斤稻谷,是小平从父亲那里偷来的。

不久,父亲发现丢了钱,这是家里从未发生过的事,他气愤地把全家召集起来查问。小平不等父亲发问就站了出来,承认钱是自己拿的,并递给盛怒的父亲一根竹竿领打。小平在挨打之后,含泪离去。

父亲怒气稍平之后开始产生疑问:这娃儿平时节俭得很,给他的零用钱都舍不得花,怎么突然偷去这么多的钱呢?莫非发生了什么事情。

父亲试探着向儿子提出询问,儿子告诉了实情。

未等小平讲完父亲便一把将他搂在怀里,连连称赞他做得对。然而,邓文明还想知道,为什么儿子受到惩罚时一声不吭,也不申辩呢?

儿子回答说:“不管为什么,随便拿家里的钱是不对的,理该受罚。”

至于他为什么要哭,那是因为自己不能挣钱去救济别人而感到羞愧。

父亲被感动了,他看到了儿子倔强的性格和不同凡响的品德,同时也看到了儿子身上也有着同自己一样的坚强与自信。他决心要使儿子受到更多更好的教育,将来有更大的作为。

当地还流传着一段邓小平破除迷信的故事。

离邓小平家不远的地方有两块神道碑,当地百姓对此很是敬畏。据说,这两块神道碑是清朝嘉庆年间朝廷为表彰两名广安籍高官邓时敏和郑人庆的功绩所立。石碑高三米,宽一米多,碑座是两个巨大的石乌龟。当地人传说,邓时敏是神仙下凡来为人间主持正义,惩恶扬善的。他们也将这石碑视为神物。

受到大人们的影响,小孩子们也都不敢在此玩耍。有一天,邓小平和小朋友们路过石碑,忽然提出:“这石龟怎么这么高啊,我们爬到它背上去玩好吗?”

小伙伴儿们没想到他会有这么奇怪的想法,都不同意上去,还劝邓小平说:“这石龟是神物,谁爬到他背上会冲撞了神仙,谁的家里就会遭大难的!”

“一个石头打的乌龟会有这么大本事?”邓小平全然不信这一套。

他一个人艰难地爬到了乌龟的头上,见小伙伴儿们都那么害怕,他高兴得在那里手舞足蹈。

有的小孩儿对石龟心存敬畏,就喊他下来,还说:“你再不下来,惹了祸我们也逃不脱!”

邓小平不仅不为所动,反而又从乌龟头上爬到背上去了,还不服气地说:“惹祸就惹祸,看看它们到底有多大本事?”

接着，他还高高在上地跟他们打招呼，弄得小伙伴儿们是又嫉妒又羡慕。

久而久之，小伙伴儿们见邓小平和他的家人并没有像传说的那样，遭什么难，便也不再相信大人们传说的那些神话，都爬到乌龟背上去玩了。

邓小平从小就具有很强的思辨能力。

在广安县立高等小学堂念书的时候，邓小平的班上就发生了一件轰动全校的奇事。

出身于广安一富商家庭的李再标，因为母亲得了重病，救母心切，要“割肝救母”。李再标是个非常孝顺的孩子，与母亲感情深厚。由于平时受封建礼教毒害太深，要效仿割股疗亲的方法来为母亲治病。幸好发现及时，在他刚在胸前划开一个口子的时候，就被阻止了。

邓小平对这件事非常关切，听说后不久便去探望李再标。

他拉住再标的手说：“你割了肝，就能救你的母亲了吗？你母亲很爱你，现在又重病在身，如果你有什么不测，你母亲一定会为你伤心，以致命归西天。这样的结果你想过没有？”

他又为再标擦去脸上的泪水，继续开导他说：“你也是读新学的学生，要相信科学，今后不要再做这样不科学的蠢事了！你不如请几天假，回家请大夫给母亲治病，好好照顾她几天，真正尽到你的孝心！”

听了邓小平的话，李再标非常惭愧。

邓小平虽然年纪不大，但对李再标的劝说却入情入理，让人信服。这成了广安高小广为传颂的佳话。

背负着父母“承祖志、耀门庭”的期望，邓小平从小便懂得读书是他的第一要务。因此，他学习异常勤奋，加上自身天资聪颖，他的学习成绩也一直非常突出。

他六岁进入协兴乡的北山初级小学念书，开始接受新式教育。

北山小学离家三里，一道都是乡间的土路，一碰上雨天，路面泥泞很不好走，一路上不知要摔几个跟头。许多同学每逢雨季便找各种借口不去上学。可邓小平却总是风雨无阻，有时父母心疼他，劝他在家学习，都被他拒绝。在北山小学学习的四年时间里，小平几乎每次考试都拿全班第一名。

1915 年，十一岁的邓小平考入了广安县的一所县立高等小学堂。

广安县二三十万人，这所学堂是全县唯一的一所高等小学堂，每年也只招收一两个班，每班二十来人，而且各个年龄段的都有，邓小平是其中年龄最小的。当时邓小平以十一岁的年龄，能考进这所学堂是相当不容易的。

1918年十四岁的邓小平高小毕业，又考进了广安县唯一的一所县立中学。在那里邓小平只学习了不到一年就离开了，被父亲接到重庆参加留法勤工俭学预备学校。

这些故事在当时看来并没有什么惊人之处。就像邓小平的女儿毛毛说的那样："有很多伟人在青少年时代就显露出非同常人的天才的火花，但我想父亲的少年时代，则可以说过得十分平常。"但是，一个伟人的诞生并非偶然，也许正是这些看似寻常的优秀品质最终成就了他。

满怀着工业救国的远大理想，他说服慈母，告别了家乡

邓小平的童年、少年时期正是中国变革、动乱的年代。全国，乃至四川都发生了一些重大事件，这些历史浪潮也冲击着沉睡的广安。1911年夏秋，四川人民掀起了"保路运动"。6月，成、渝两地的保路风潮传到了广安，也传到了协兴这样的偏僻小镇。最初是一些号召参加保路运动的宣传品，如《来日大难歌》，这类歌谣在学校广泛地传播开来。全川罢市、罢课风潮掀起后，协兴镇上一些店铺也关门罢市，北山小学堂也罢课放假。广安人民生活在水深火热之中。这个社会的黑暗给小平以强烈的印象。

1919年5月4日，北京爆发了轰轰烈烈的学生反帝反封建的爱国运动。5月下旬，革命的号角吹到了广安。广安中学堂学生积极响应，5月底成立了广安学生爱国分会，发出了宣传"公启"，组织了游行、罢课，十五岁的小平积极地参加了这些活动。5月底以后学校一直处于罢课局面。正常的学习、生活无法进行，加上接近暑假，于是小平和其他学生一样离开了学校，回到了自己家中。这次离开广安中学堂就永远结束了他在故乡学习的历史。

随着年龄、知识的增长，眼界的开阔，小平了解到，不但家乡人民处于水深火热之中，整个中国都是如此，军阀混战，人民涂炭。为什么中国会出现这种混乱不堪的局面，如何改变这种局面？年少的小平无力回答，但他对军阀、卖国贼十分痛恨。同时小平在"五四运动"中受德先生（民主）、赛先生（科学）两面旗帜的影响，认为中国要富强必须依靠科学。只要每个青年都掌握一种科学本领，立志改变国家现状，中国就会成为一个不怕帝国主义欺辱的富强国家。于是在年

轻的邓小平心中逐渐萌发了一种对国家、民族强烈的责任感，正是这种责任感使十五岁的小平思考着为国家、民族寻找新的出路。

后来，父亲邓文明从在重庆结识的朋友那里，听说重庆成立了留法勤工俭学重庆分会，并准备开设留法勤工俭学预备学校。便打算送邓小平到重庆上预备学校，然后让小平出国去半工半读，学习一些西方的先进的知识，以便将来回国做些大事。

邓小平对父亲的这个决定非常兴奋，因为这与他科学救国、工业救国的想法是非常一致的。他开始憧憬着自己的未来。但这件事情遭到了母亲的极力反对。母亲不放心小平小小年纪，就背井离乡、远渡重洋。父子二人给母亲讲了许多大道理，母亲就是不松口。

小平为了不惹母亲生气，又让母亲放心，就没有强行坚持。因为，他了解母亲的心情，他知道母亲最担心的是什么。于是接下来的日子里他一边想方设法帮助母亲打理着繁重的家务，一边寻找着有利的时机来说服母亲。邓小平对家务的参与确实收到了实效。他为母亲的日常劳动进行了合理的时间规划，废除了许多重复性劳动，得到了母亲的赞许。母亲似乎看出了儿子的用意，也暗自高兴自己的儿子长大了。

有一天，趁母亲坐在堂屋休息的工夫，邓小平乖乖地蹲到母亲膝前，拉着母亲的手说："娘，您是真的不同意我出国留学吗？"

"不同意！"

一提到这个问题母亲立刻面带愠色，"娘不是已经说了嘛！这法国天高皇帝远的，在那边又没个亲戚，这要出点事儿谁来照顾你呀！"

邓小平见母亲不高兴了，便顺着母亲道："娘，您别生气啊！儿子知道，在娘眼里呀，儿子永远是长不大的孩子。古人不也常说'儿行千里母担忧'嘛！"

淡氏笑了笑，用手指点了一下小平的额头："你这个小鬼头！你还真懂娘的心，比你爹强啊！贤娃儿（邓小平的小名）啊，你年纪太小，娘是不放心啊！"

邓小平见母亲开始吐露真情，便趁机反问母亲："娘，这不是您的真心话吧？这些日子儿子帮您处理家务，您不是经常夸儿子'长大了，会持家了'吗？您不会这么快就忘了吧？"

"没错，娘是说过！娘也知道，我的儿子聪明能干！可是……"母亲有些被这突如其来的一连串问题弄蒙了，不知如何回答儿子的问题，但脸上却挂满了担忧。

"娘，其实您的担心是过虑了。"

邓小平见母亲没有再生气,就继续缓缓地说:“您想想,我今年都十五岁了,父亲在我这个年纪的时候,都已经和您结婚,开始掌家了。我从十一岁就开始住校,每周只回家一次,我都已经独立生活和学习了四年了。我自己是完全可以照顾自己的。”

“是啊,贤娃儿,都十五岁了!”

见母亲开始犹豫了,邓小平抓住时机,开始切中要害:“娘,您和爹不是也经常说,要我好好读书将来要‘承祖志、耀门庭’吗?国内现在这么乱,今天打仗明天游行的,学校也经常停课,我根本无法安心学习。”

“是啊!‘承祖志、耀门庭’,这世道也真是太乱啦!”母亲点了点头。

“再者说,古今中外成大事者,大多都见多识广。儿子也不愿做‘井底之蛙’、‘笼中之鸟’。何况,此次机会难得,我是非常想去!将来,没准还能有机会将娘接去开开眼界呢,您说呢,娘?”

“你这娃儿,嘴巴真是好使!我可没有这个奢望!”母亲长出了一口气,“唉!看来你是和你爹串通好了来对付我啊!你也确实不小了,既然你已经打定主意了,娘也就没什么好说的了。”

虽然母亲面带怒色,但邓小平看得出来,母亲是假愠。她已经想通了。

“那,娘是同意我留学了?太好了,谢谢娘!还是娘最疼儿子!”

邓小平高兴地和母亲拥抱在一起。

几天之后,淡氏变卖了家里的一些谷子和田地,为邓小平整理好行装,含泪把他送上了去往重庆的客船。

广安东门口码头。1918 年邓小平从这里乘船去重庆读书

第二章　追梦法兰西

八十多名带着梦的青年人，登上了漂往法兰西的邮轮

第一次鸦片战争以后，中国逐渐沦为了半殖民地半封建的国家，政治腐败，社会动乱，经济落后。一些仁人志士开始多方寻求救国救民的道路。在“维新思想”和“洋务运动”的影响下，许多人，特别是知识阶层，认为要救国，就必须学习西方。

四川留法勤工俭学的倡导者吴玉章

于是，一批热血青年纷纷出国留学到日本、英国、美国、法国、德国等西方国家。他们在国外学习语言、政法、军事，不断探索着救国救民的真理。他们回国后废科举、兴学校，开创了轰轰烈烈的革命事业。

辛亥革命以后，中国的封建专制被推翻，中国的教育界和留学倡导者们的思

想也有了一定的变化。一些人认为,法国是资产阶级革命进行得比较彻底的地方,一些科学的新说也多出自法国,而且法国的生活费用相对低廉,特别适合中国学生。

留法勤工俭学运动,就是在这一背景下兴起的。

1912 年,蔡元培、吴玉章和李石曾等人在北京成立了留法俭学会。

1918 年至 1919 年,在吴玉章的亲自倡导下,四川的成都和重庆分别开办了留法勤工俭学预备学校。

1919 年 9 月上旬,重庆留法勤工俭学预备学校正式开学,校址设在重庆的夫子祠内。这所学校成了当时重庆的最高学府。学校主要教授学员法文、几何、代数及一些工业常识等,学制一年,是为将来学员在法国的工作和学习打基础。

邓小平与法国勤工俭学的同乡邓绍圣合影

在父亲的帮助下,邓小平和他的远房叔叔邓绍圣以及一个同乡胡明德(又名胡伦),一起到了重庆。经过严格的考试,三人同时被学校录取。不同的是,学校的招生分为公费生和自费生。邓绍圣取得公费生资格，邓小平和胡明德则取得的是自费生资格。邓小平的费用，是父母变卖了一部分家产才凑齐的。这使得邓小平更加珍惜这得之不易的学习机会。

据当时他的一个同学江克民回忆：

“邓小平是稍晚才进入这所预备学校的。他那时就显得非常精神，总是精力充沛。他的话不多，学习总是非常刻苦认真。”

经过一年的努力，邓小平和其他八十多名同学，通过了学校的最终考核以及法国驻重庆领事馆的口试和体检。那时，邓小平还不满十六岁，是其中年龄最小的一个。

1920 年秋的一天，邓小平等一行八十多名同学，终于登上了开往法国的邮轮“盎特莱蓬”号。

“盎特莱蓬”号赴法的起点——上海

船缓缓地驶离黄浦码头，驶过吴淞口，进入了浩瀚无垠的苍茫大海之中。就要告别家乡了，可此刻，他们的心情却并没有离别的惆怅，而是充满了激动，充满了幻想。他们幻想着自己在法兰西——那个梦想的国度里，如何忙碌着，一面勤工，一面俭学，生活得充实而快乐……甚至幻想着，自己学成归国后，如何施展着一身的“工业救国”的本领……然而这幻想，不久便被沿途的异域风光和新奇事物所驱散。

一位四川巴县的同学，叫冯学宗，他在给亲友的来信中，详细记述了他们这次海上航行的细节。

14日,船抵香港泊一日。此地背山面海,树木阴翳,商旅云集,街市宽阔,屋宇齐整。此地贸易的人,虽是中国人,但那种种的管辖权,是完全属于英国的了。英人自得此地之后,订立许多束缚华人的条例,近已成为一个沿海最繁华最紧要的商埠了。

18号船抵西贡,此地概是平原,自法人夺去之后,沿岸建筑码头,岸上房舍街市,都秩然有序。只是有一件悲惨的事,就是那亡国的安南人。他们的国家,既为外人的殖民地,他们的人民,遂不得不受外人的管辖。他们知识较高一点的,就受法人的呼唤养成一种不痛不痒的性质。那知识低下的,就受外人使用,耕田挽车,不敢稍辞劳苦,偶一懈怠,即加鞭楚,彼等狼狈啼泣,已极可怜,而法人还要设种种恶例,使彼等永无恢复的一天。例如读书要读法文,着鞋要纳税,既灭人家的文字,又要灭人家的种族,正义在哪里?人道又在哪里?安南人蓬首赤足,四季如一,难道就不成问题么?

西贡为欧亚交通的冲要,五洋杂处,人口甚繁。中国人侨寓此地数有六七万人,但是入境以后,凡是成年者,每年须纳身税数十元,这也是法人限制外人旅居最严厉的一个方法。我们中国人在世界上向来以"病夫"见称,各国防甚严,此次船泊西贡,曾见同船的人,上岸时必经种种检查,然后列队到警察署注册,否则不准登岸,从此看来,中国人也像在候补亡国奴了。

船泊三日,21日复起碇向新加坡驶去。

行三日,达新加坡。此地街市屋宇之整齐,与西贡相仿佛。但面积较西贡大,市面亦较清洁。此地有华人数千万,华人商务颇好,所以殷实之家亦多,但有一大部分,仍是劳力地生活。

25日由新加坡启程,行一日,那惊天骇地的浪涛,推来推去,时上时下。我们同行的人,好似大病加身,不敢直立,不思饮食,整整闹了三天,我们望岸之心,真是"如大旱之望云霓"一般。日复一日,望眼欲穿,好容易才盼到停泊休息的哥伦布。

30日抵英属之哥伦布,此地风浪很大,不易停泊,幸赖有一港口,可免风浪的危险。我们赴法只有法国护照。哥伦布是英国的属地,没有英国护照,就不得上岸,也就不得窥其全貌。

10月7日船行阿拉伯海中，距红海口甚近。此口在欧洲大战时候，设有水底危险物多件，战后还未取出，所以往来经过的船只，都要谨防不测，我们今天也得把水袋来练习，但是心中总是忐忑不安，如有所失一般。

8日到奇布特，地属非洲，当红海之口，为法兰西属地。遍地沙漠，草木不生，人迹很少，热度达于极点。然而法国不弃之者，正以此地为航海必经之处，往来休息之所。因此之故，法国不但不舍弃他，还在那儿苦心经营咧。此地土人，都是黑种，身黑面黑，连牙齿也是如漆一般。土人多不著上衣，下部围布一方，如中国的裙子。货物除果子、驼毛及一切装饰品之外，并没有什么奇异的东西。

10日入红海，空气是很干燥的，太阳是很厉害的，在这几天只见日光与海水相映，那海水的绿波，竟变而为红波，红海之名，或者因是而得。是日为中华民国成立九年纪念，我们中国人，各带国旗一面，并于午后齐集大礼堂，向国旗行三鞠躬礼，奏国歌，讲故事，演新剧，以志庆祝，大家都欣然有喜色。就是外人参观，也鼓掌欢呼，声如雷动！这次也是此次航行中一件极有趣味的事啊！

13日抵苏伊士运河口，停数小时，即起碇前进。傍晚进口，两岸林木，排列有序，灯光灼灼耀人，水声潺潺触目，流连启兴，几乎忘却睡乡。翌日，辰刻，凭栏眺望，此河之宽约十余丈，可容两船并行。正在观察之时，不觉已到北口的波赛，我们不曾上岸，没有见着什么事物。午后五时入地中海。当我们出苏伊士运河的时候，岸上铜像直立，威威可畏，赫赫可敬，原来就是开凿运河的雷赛咧。

17日过意大利半岛，虽大半均是山地，然意人已建筑许多铁道，交通尚便利。许多巍峨雄丽的城市，连绵不绝，最终观大岛孤立海中，烟雾浓密，闻舟中人说，这是终岁如斯的活火山。

19日早饭后，远望看许多樯帆和灯台，与我们愈见相近，于不知不觉间，就到了法兰西南部的马赛。……

“盎特莱蓬”号从上海到马赛，航程三万一千多华里，历时三十九天。沿途要经过香港、西贡、新加坡等亚欧非多个大港口，每到一个大港口，船就要停靠两三天的样子，来装卸货物。这时候，有钱人就会上岸去品美食，买东西，出入一些高消费场所尽情享乐。而像邓小平那样的穷人就只能上岸去观光游览一番当地的市容、名胜古迹等等。

在这些城市里,他们看到了许多也许是他们不愿意看到的事物。他们看到了在灯红酒绿、富丽堂皇的高楼大厦旁边隐藏着的低矮破旧的贫民窟;在车水马龙的繁华大街上,有衣冠楚楚、西装革履的有钱人,更有面目憔悴、破衣烂衫的行乞者。同样生活在这样一个看似富足的社会里,为什么境况却如此悬殊?

亲眼目睹的另一件事情,使邓小平开始对自己的美好幻想产生了怀疑。

一天傍晚,海风不是很大,吹在脸上很是清爽。夕阳下,海岸上许多人在嬉戏,看上去乐不可支。

邓小平便邀来几名同学到甲板上,道:"我们已经在船上待了一天了,下船,到海滩上玩会儿怎么样?"

1920 年 9 月,邓小平乘坐法国邮船"盎特莱蓬"号赴法勤工俭学

这些年轻人多生长在内地,没见过大海,都很乐意。但又有些犹豫:"还是别去啦,乘务员不是说过,傍晚海水涨潮很危险的,不让我们下船到海滩上玩儿吗?"

"嗨,我们离海水远一点不就行了吗!你看那些人在那儿玩什么呢?多开心啊!"

邓小平做出一副羡慕不已的样子,弄得伙伴儿们心里痒痒。于是,他见机抓住一个伙伴儿的胳膊道:"走、走、走,想去的一起来!别啰唆了!待会儿领队看到了,我们想去也去不成了!"

伙伴儿们一个不落地跟着邓小平，跑下了轮船。

一边跑，邓小平还一边喊着：“快点儿啊！捡贝壳去啰，海潮涨满了可就捡不着了！”

伙伴儿们来到海滩上，一边嬉戏着，一边捡着贝壳，还时不时相互制作着恶作剧。

忽然，邓小平发现不远处，几个成年人和一群小孩子正玩得不亦乐乎。只见，几个成年人好像向海水中抛撒了什么，孩子们就一窝蜂地冲入海水中，几个成年人见状，大呼小叫一番之后，便笑得前仰后合。

是什么使这些孩子不顾一切的，冒着生命危险冲入海水之中呢？

邓小平走近了一些。他看到这些小孩子们衣衫褴褛地回到岸上，有的手中举着一枚硬币如获至宝地欢呼着。有的则两手空空，欲哭无泪的样子，走到几个衣冠楚楚的成年人跟前，伸出双手乞讨着。原来，这些有钱人为了取乐，将钱币抛入海水中，让那些穷孩子潜到海水中把硬币找出来，谁找到硬币就归谁所有。有钱人以此为乐，孩子们则以此为生。

邓小平这才恍然大悟，刚才愉快的心情一下子全没了。

接下来的日子里，邓小平每到一个港口，几乎都能看到这样的情景。年仅十六岁的邓小平，感到无比的酸楚与困惑。他想不明白，为什么世界到处都充斥着这样的不公？他开始质疑自己的法兰西之行，他感到自己曾经的法兰西幻想多少有了那么点儿不太现实。此刻的他还不知道，这一切就是资本主义、殖民主义的罪恶本质。

经过三十多天的长途旅行，就要到达法兰西了。虽然，这一路上，他们饱览了世界亚、非、欧多个国家的名胜古迹、异域风光，但也亲眼目睹了落后国家的人民遭受奴役和剥削的惨境。这一切，都在他们纯洁、稚嫩的心灵上，留下了深深的烙印。

一下子，他们从美好幻想的天堂，跌入了残酷现实的地狱

1920年10月19日，“盎特莱蓬”号缓缓驶入了马赛港。邓小平和他的同伴们顾不得旅途的劳顿，聚在甲板上兴奋异常。

华法教育会的代表专程从巴黎赶来马赛，到轮船上迎接了这批新到的学生。

当地的《小马赛人报》10月20日报道：一百名中国青年人到达马赛，他们的年龄在十五到二十五岁之间，穿着西式和美式服装，戴着宽边帽，身着尖头皮鞋，显得彬彬有礼和温文尔雅。华法教育会学生处的处长刘先生给他们致了欢迎词。这些年轻人经过长途跋涉来到欧洲，特别是来到法国，心里非常高兴，其喜悦之情溢于言表。

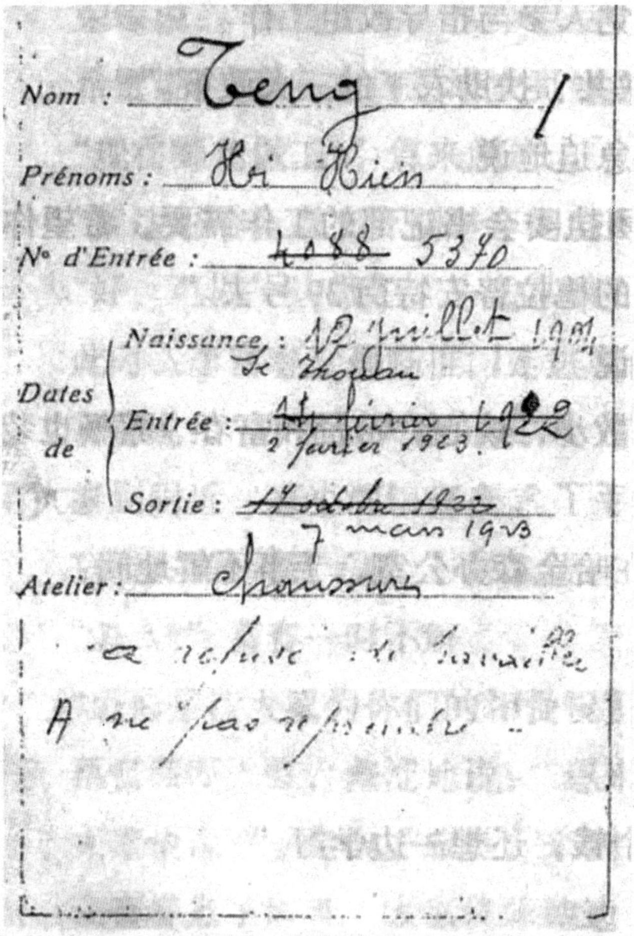

Nom : Teng

Prénoms : Hi Hien

N° d'Entrée : ~~4088~~ 5370

Dates de
Naissance : 12 juillet 1904
Se Tchouan
Entrée : ~~[illegible] février 1922~~ 2 février 1923
Sortie : ~~[illegible]~~ 7 mars 1923

Atelier : Chaussures

a refusé de travailler

A ne pas reprendre

邓小平在哈金森橡胶工厂的档案卡，上面有人事部门的附注：辞职不干，不再雇用

第二天，他们就来到了华法教育会在巴黎的驻地。

不久，在华法教育会的安排下，邓小平和他的叔父邓绍圣与其他二十多名中国学生，一起到了法国西部诺曼底的巴耶中学学习。主要是为了一边补习法语，一边等待工作的机会。这样,他们的法国勤工俭学生活也就正式开始了。

然而,现实却与他们的愿望大相径庭。

第一次世界大战结束后,整个资本主义世界爆发了新的经济危机,从1920年下半年起,欧洲开始呈现出一派萧条的景象。在法国,伴随着工业由战时到和平时期的转变和百废待兴局面的到来,其经济结构暴露出严重的不适应。由于许多工厂因经济萧条而相继全部或部分停产,加之一批军工企业的关闭,致使法国失业率剧增,再加上战后法国政府迭加新税,法郎贬值,百物腾贵,人民生活困难,整个法国经济呈现出凋敝萧条局面。

这种情况严重地影响着中国勤工俭学学生的生活和学习,使他们陷入欲工不能、欲学不得的困境之中,1920年底,在法国的一千六百多名勤工俭学学生中,"已经做工的不到总数的四分之一",而"近来冬季失掉工作的又几乎有做工数的四分之一"。也就是说。有十分之八的勤工俭学学生都没有了工作。

另外,华法教育会的一些工作人员的腐败作风及其对勤工俭学学生的漠视态度,也加剧了当时勤工俭学学生的生活危机。

这种情况下,勤工俭学学生们被迫过着朝不保夕的穷困生活。

在巴耶中学学习的几个月里,邓小平他们非但没有学到什么东西,而且居住和饮食条件都很坏,身上带的钱也快花完了。他们焦急地等待着华法教育会让他们勤工的消息,等不及了就找人去催促,但得到回答却总是:"现在的就业是格外的困难,再等等吧!我们正在想办法解决!"尽管邓小平尽量节俭用度,每天只花十八个法郎(而他的同学们有的要花五十法郎,平均支出也要二十五个法郎左右),但高昂的学杂费用终使他再无力支撑学业。

俭学不成,只好走勤工的道路。

"我们不能再傻傻等待华法教育会的安排了,还是赶紧先找份工作糊口要紧啊!"

邓小平找来几个境况与自己相似的同学,开始商量着找工作的事情。

"是啊,我身上的钱,已经支撑不到下个月了!"有人附和着。

"我们还是先退学,等挣些钱了,再回来读书吧!"

此时,小平的"勤工俭学"的幻想还没有完全破灭。但令他没想到的是,这一决定,结束了他在法国唯一的一段学习生活。

1921年3月13日,邓小平与其他十几名同学离开巴耶中学,前往克鲁梭市。半个月之后,他们才勉强找到一份工作——在当地的施奈德钢铁厂做工。

施奈德钢铁厂是当时法国最大的军工厂之一,大约有三万余工人,其中勤工俭学学生约一百多人。邓小平被分配到轧钢车间当轧钢工人,工资每天只有十个法郎。

当时,在工厂人事处的招工登记卡上写道:邓希贤,十六岁,工人编号07396,进厂注册日期是1921年4月2日,由哥隆勃中法工人委员会送派,来自巴耶中学。

邓小平做过工的施奈德钢铁厂

本来,邓小平等人到工厂做工,是想以勤工达到俭学的目的。可繁重的体力劳动压得他们筋疲力尽,低廉的工资更使他们连日常的生活都难以维持。一个月的工作下来,邓小平不但没挣到钱,反而赔了一百多法郎。再加上,资本家的压榨、工头的辱骂,使他们经受了非人的待遇,头一回尝到了生活的痛苦和艰辛。

如果说,体能上的重负尚可承受的话,那么资本家对他们在精神上、人格上的摧残,则让他们无法忍受。

一个月后,邓小平不堪屈辱,辞去了施奈德工厂的工作。

这段勤工的生活,虽然短暂,却对邓小平的一生产生了重要的影响。这一个月里,他初次接触到了资本主义的阴暗面,亲身体验到工人阶级遭受资本家压迫和剥削的悲惨处境。使他的心里受到了不小的震撼。这个时候,他的所谓"工业救国"、"学点本事"的幻想,已经完全破灭了,取而代之的,是眼前残酷无情的现实。

此后的几个月里,邓小平回到巴黎。原打算一面从华法教育会领取每天五六法郎的微薄补助,一面多方寻找工作机会。谁知就连这可怜的五六个法郎的保命钱，他也只领了五个月。

1921 年 9 月，法国政府停止向中国的勤工俭学学生发放救济金。邓小平和其他学生一样，完全失去了生活的来源，时刻面临着绝境。由于无力寻找一份工作来维持生活，许多学生因饥饿而病倒了，有的甚至客死他乡。悲惨状况可想而知。

这段时间里，邓小平在饭馆当过招待；在火车站和码头上给人搬运过货物；在建筑工地上推过砖、搬过瓦、扛过水泥；甚至还做过清洁工，为人清扫过垃圾等等。

可以说，为了生存，为了每天能吃上一块白水煮的、半生不熟的马铃薯，这位昔日的“邓家老院子”的宠儿，在异国他乡饱尝了人间的屈辱和辛酸。

一下子，他从美好幻想的天堂，跌入了残酷现实的地狱。

一直到 1922 年 2 月，他才重新找到了一份稳定的工作。

邓小平后来曾回忆那段生活说：“每当我能买得起一块羊角面包和一杯牛奶时，我总是感到很高兴。”他还认为，自己身材矮小，可能与青年时代在法国干了重体力活却经常吃不饱有关系。

艰苦的勤工俭学生涯，磨砺出了他顽强的意志，更使他的思想发生了巨大变化

1922 年初，法国的经济开始复苏，一些工厂逐渐恢复生产，就业的机会开始增多。一部分留法学生陆续找到了工作，生存的危机也逐渐淡去。

1922 年 2 月 13 日，邓小平在夏莱特市政府的外国人登记处登记，并重新找到了一份工作。他成为了哈金森工厂的一名制鞋工人，工号为 5370。他每周需工作五十四小时，每天可挣得十五六个法郎。在这里，邓小平终于结束了朝不保夕的漂泊生涯，度过了一段较为稳定的做工生活。

自 1920 年到法国的一年多来，邓小平在艰苦的勤工俭学生活中，不仅磨砺出了顽强的意志，更使他的思想发生了巨大的变化。他学会了冷静思考，并且试图探索一条全新的救国之路。

20 世纪 20 年代初期的法国，在俄国十月社会主义革命的影响下，工人运动开始蓬勃发展，马克思主义和其他各种社会主义思潮广为流行，一批先进的中国

留学生先后接受了马克思主义，走上了革命的道路。

在艰苦的打工生活中，邓小平有幸结识了赵世炎、周恩来、李立三、王若飞、李维汉、郑超麟、汪泽楷、李慰农、蔡畅等一大批有志青年，并在他们的影响下开始逐渐接受了马克思主义和共产主义思想。

哈金森橡胶厂胶鞋生产车间，邓小平在此做了半年多的制鞋工

赵世炎，1901 年出生于四川，中学期间，参加过 1919 年在北京爆发的"五四"运动，中学毕业不久，即参加了李大钊等人发起的"少年中国学会"，任学会和会刊的主要负责人。后又主办《工读》半月刊。到法国后，赵世炎曾在几个工厂做工，也经历过失业的困苦，在国内的经历和对资本主义的认识，使他迅速接受马克思主义。他和李立三在勤工俭学和华工比较集中的克鲁梭发起组织了一个"劳动学会"，致力于将勤工俭学运动进行到底及对理想和真理的探求。赵世炎、李立三等人还和蔡和森等人一起，领导了争取留法勤工俭学学生到法国里昂大学入学的运动。赵世炎是筹建留法勤工俭学共产主义团体的领导人之一。他在国内时，就与陈独秀、李大钊有许多接触。1921 年 3 月，他与周恩来等人联系，成为巴黎共产主义小组五个成员之一。1922 年，领导筹建留法勤工俭学共产主义组织，任"旅欧中国少年共产党"中央执行委员会书记。

周恩来，1898 年出生于古城淮安，他是旅欧共产主义组织的杰出领导人。周恩来十二岁离家到东北念书，十五岁进入天津南开学校学习，中学时代就萌发了忧国忧民的爱国之心。他早在"五四"运动时期就已经是天津学生运动的组织者、领导者。天津著名的进步学生组织"觉悟社"就是他组织的。周恩来 1920

年11月赴欧洲勤工俭学，先到法国停留半个月，又到英国准备求学未成，当时正值声势浩大的英国工人罢工席卷英伦三岛，他对英国工人运动进行了认真考察。1921年2月，周恩来来到法国，一边学习法文，一边进行社会调查，同时靠给报社撰写稿件和翻译文章维持生活学习费用。在当时法国流行的各种思潮中，周恩来坚定地选择了共产主义信念。1921年经张申府和刘清扬介绍，加入中国共产党八个发起组织之一——巴黎共产主义小组。张申府在国内曾参与李大钊筹建中国共产党的活动，陈独秀和李大钊委托张申府建立海外组织。同年6月，周恩来领导勤工俭学学生反对中国政府向法国政府借款购买军火的斗争，从此走上革命斗争的领导岗位。“旅欧中国少年共产党”成立后，他任中央执行委员会委员，负责宣传。旅法中国勤工俭学学生中的共产主义事业，是由他和他的同事们开创的，许许多多的革命青年，在他的领导、引导和榜样作用影响下，确立共产主义理想，学习斗争艺术。

SALAIRE DECLARE
APPOINTEMENTS
Motif de départ
Valeur professionnelle
89409A

邓小平在一家工厂的档案卡，离职原因：回国王若飞，1896 年生于贵州安顺的一个封建地主之家，因受亲戚虐待，八岁便投奔其舅父黄齐生。其时黄齐生在贵州著名的达德学堂任教。1918 年若飞随舅父赴日留学。1919 年 10 月，王若飞和舅父一起再赴法国勤工俭学。他曾在枫丹白露公学补习法文，曾在里昂附近的圣夏门钢铁厂做工。若飞其人，聪明好学，思想敏锐，性格活泼开朗，待人随和。在这里，他既体验了资本主义对工人的野蛮剥削，也实践了作为工人阶级的劳动生活，逐渐成长为一个自觉的革命者。

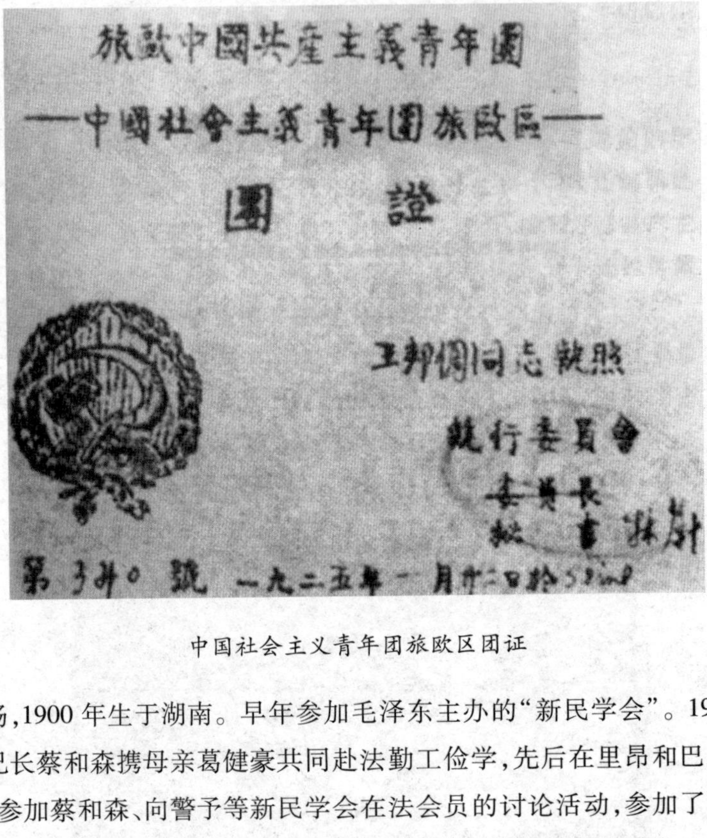
旅歐中國共產主義青年團
——中國社會主義青年團旅歐區——
團證
執行委員會
委員長

中国社会主义青年团旅欧区团证

蔡畅，1900 年生于湖南。早年参加毛泽东主办的“新民学会”。1920 年，蔡畅与其兄长蔡和森携母亲葛健豪共同赴法勤工俭学，先后在里昂和巴黎等地做工，积极参加蔡和森、向警予等新民学会在法会员的讨论活动，参加了蒙达尼的“工学世界社”等进步团体，同时参加了“拒款运动”等留法学生斗争。她于 1922 年在里昂加入中国社会主义青年团旅欧支部，1923 年转为中国共产党旅欧支部正式党员。

这些人和邓小平一样都生长在那个动乱的年代，他们多数都是十几、二十几岁的年轻人。他们来到法国留学，也都和邓小平一样怀抱着爱国、救国的梦想。不同的是，他们的年龄比邓小平稍大，虽然有的相差不过三四岁，在出国前，他们都经受了五四运动的洗礼，或直接或间接地受到陈独秀、李大钊的影响，树立了革命的志向。到欧洲后，受到马克思主义的熏陶，接受了共产主义信仰。他们与国内的共产主义者李大钊、毛泽东等频频联系，沟通信息，交流思想，切磋革命的指导思想、组织等问题。他们比当时年轻的邓小平，无疑要成熟得多。

1923 年周恩来在巴黎的中共旅欧总支部所在地门前

辛苦的工作之余，邓小平非常喜欢去听他们分析国内外局势，探讨救民、救国之路。

不知不觉间，邓小平不仅受到他们革命热情的感染，还如饥似渴地吸收着他们传播的革命思想。

正因为如此，与其他人经过痛苦的思索和探求，以及对各种思潮的辨别和选择后才信仰共产主义不同，邓小平是在单纯的爱国主义精神和对资本主义罪恶有了基本认识的基础上直接接受共产主义的。他自己也说："我从来就未受过其他思想的侵入，一直就是相信共产主义的。"

在这些革命前辈的影响和帮助下，邓小平开始阅读《共产党宣言》、《共产主义 ABC》等马克思主义的入门书，并经常翻阅国内的一些革命报刊如《新青年》、

《向导》等等。其中，许多文章涉及中国现实的政治问题，对军阀混战和各色各样的政治主张分别作了深刻的剖析。

曾经被很多社会问题困扰着的年轻的邓小平，在看了这些书籍、文章之后，豁然开朗了。他的思想从茫然和困惑中走了出来，出现了质的飞跃。

他逐渐认识到：在帝国主义和封建军阀的压迫统治之下，青年学生要通过“勤工”达到“俭学”的目的是不可能的。要真正拯救国家、民族的危亡，使受人凌辱的国家和人民强盛起来，只有按马克思主义指引的道路，向俄国学习，实行社会主义。

接受了马克思主义的邓小平，成为了勤工俭学学生中的先进分子。

从1921年底开始，赵世炎、周恩来便积极致力于勤工俭学学生中先进分子的团结工作，并筹备建立旅欧青年的共产主义组织。在他们的精心筹划下，1922年6月诞生了旅欧青年共产主义组织——“旅欧中国少年共产党”。选举产生了赵世炎为书记，周恩来负责宣传，李维汉负责组织的中央执行委员会。

1922年夏，邓小平经肖朴生、汪泽楷介绍，加入了旅欧中国少年共产党（次年改名为旅欧中国共产主义青年团）。

像马克思在一首诗中所写：

……
我再不能安静地生活，
心灵已被紧紧扼住，
我再不能悠闲度日，
要狂飙似的向前突奔。
因此我要勇往直前，
永不停止，永不偷闲，
切莫抑郁苦闷，沉默不语，
无所希求，无所事事！
切莫顾虑重重，
徘徊不前，忧心忡忡，
因为我们还有：
渴望、希望和作为。

从此，邓小平开始了崭新的政治生命。

在和周恩来朝夕相处的日子里，他得到了“油印博士”的美誉，更学到了很多……

加入团组织以后的邓小平，仿佛获得了新的生命，精神面貌为之一新。

如果说，他在1922年初刚到哈金森工厂时，还是个活泼甚至有点调皮的大孩子，那么入团以后，他则变得成熟而稳重了许多。

当年一个留法勤工俭学学生吴琪回忆：“我所接触的同学中，年纪最轻的要算邓小平同志。1922年下半年，我在巴黎郊区皮浪哥饭店见到他的时候，他还不到二十岁。他年纪虽轻，却很老练，才气横溢，身体强壮，精神饱满，说话爽直，声音洪亮，铿锵有力。时过半个多世纪，但这一切仍印在我的脑海中。”

旅欧团组织的基本任务和活动内容是共产主义理论的学习。为此，设立了共产主义研究会，下设分会和小组，还编辑出版了《共产主义研究会通信集》交流学习体会；编写了《共产主义教程》，介绍马克思主义的基本观点。这些优秀分子还经常聚集在一起，对中国革命的许多重大问题进行热烈的讨论。

为了适应斗争形势的需要，旅欧共产主义青年团执行委员会还以极大的努力创办了自己的理论刊物《少年》，用共产主义思想教育、团结广大旅欧华人特别是青年学生。

《少年》创刊于1922年8月1日，每月一期，到1923年7月改为不定期刊，共出刊十三期。它的主要任务是“传播共产主义学理”。当时正处在建党建团的初期，因此《少年》用相当的篇幅阐述共产党的性质和作用，宣传建党建团的意义。

随着国内革命形势的迅速发展，旅欧中国共产主义青年团的机关刊物《少年》也在1924年2月改名为《赤光》。

与《少年》不同，《赤光》在第一期发表的宣传中就指出：我们不但要评论中国时事，且更愿为大家指出他的乱源所在和他的解脱之法，我们现愿诚恳而忠实地给大家指示出救国的唯一道路和其他拐弯抹角迂拘而不可能的途径。总之，我们所认定的唯一目标便是：反军阀政府的国民联合，反帝国主义的国际联合。

用他们自己的话说，就是“改理论的《少年》为实际的《赤光》”。

这反映了他们在新的历史条件下认识的发展。《赤光》为半月刊，十六开本，每期十二页左右，出版起来比较灵活而迅速。它的印刷份数比《少年》多，发行范围也比《少年》广，影响也大。由于它办得生动活泼，形式多样，文章短小精悍，切中时弊，对于勤工俭学学生和华工、华人具有强烈的感召力，因此深受他们的欢迎。

加入了旅欧团组织之后，邓小平是在极其困难的条件下学习马克思主义的。

白天，他要为生计而奔忙；晚上，要有足够的睡眠来保证第二天繁重的劳动。学习的时间很不充裕。但是他还是克服了各种困难，以坚忍不拔的毅力，系统地学习了马克思主义的基本原理，认真思索着改造社会、改造世界的真理。他的理论水平以及革命的自觉性和坚定性都有了快速的提高。

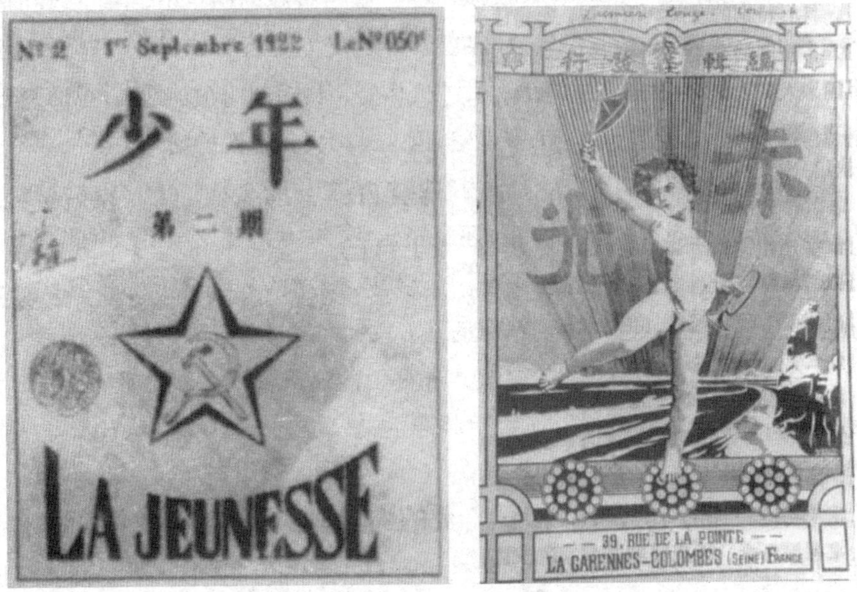

1922 年 8 月 1 日，旅欧中国少年共产党创办的机关刊物《少年》。1924 年 2 月，《少年》更名为《赤光》。邓小平参加编辑、刻印，并发表文章抨击帝国主义的反马克思主义思潮

他开始有了一种强烈的愿望，要投身到革命斗争的实践中去。

不久，邓小平如愿以偿地被安排在旅欧共产主义青年团的机关刊物《赤光》编辑部工作。这是邓小平第一次直接参与革命工作，标志着他一生革命生涯的开始。

当时，《赤光》的编辑工作由周恩来负责，邓小平成为《赤光》编辑部最年轻的成员。编辑部就设在戈德弗鲁瓦街十七号小旅馆内一个狭小房间里。房间极简陋和拥挤，几张桌椅，一张单人床以及满屋堆放的纸张和破旧的印刷用具。

最初，邓小平的工作是负责《赤光》的刻写和印刷。他经常是白天做工，下工后即赶到《赤光》编辑部，而周恩来则是完全脱产的。

每天晚上，简单进完晚餐之后，两人便投入紧张忙碌的工作中。

昏暗的灯光下，狭小的房间里，周恩来认真地撰写和修改着稿件，而一侧的邓小平则在蜡纸上一笔一画地刻写着，刻完之后用那台简陋的印刷机印好，最后再装订起来。

每天都是这些非常程式化的工作——写稿、制版、印刷、装订。看似简单，但实际工作起来却非常繁琐。每期十二页左右的内容，周恩来除了要撰写大部分稿件，还要逐字逐句地斟酌、修改、校对，邓小平则要将这些稿件一个字一个字地、一笔一画地、清晰地刻在蜡纸上，再一张一张用手动印刷机印刷出来，最后还要按页码顺序整齐地装订成册。因此，这项工作事实上是需要耗费大量的时间和精力以及需要极大的耐心的。再加上周恩来还要领导编辑部以外的其他革命工作，因此他们的工作计划和进度经常会被打乱。但为了能保证每半月出一期，常常是在开完会以后，或各种客人走后，周恩来马上伏案挥笔著文或改稿，而邓小平则等在一旁，改好一篇，刻写一篇，小屋的灯光时常彻夜不熄。

这段时间，邓小平和长他六岁的周恩来十分近。

在这里，他们一同忘我地工作着，度过暮色苍茫的夜晚，迎来薄雾蒙蒙的黎明。经常是深夜工作完成后，邓小平就在这小房间里打上地铺和周恩来住在一起。

邓小平很敬重这位兄长式的同志和领导，为他那坚定的信仰，那对现实问题清晰正确的分析把握和那英姿勃勃、思路敏捷、谈吐文雅、彬彬有礼的风度所深深吸引。他开始以周恩来为自己学习的榜样。

周恩来也十分喜欢这位年轻的伙伴，对精神饱满、谈吐直率、成熟沉稳、工作认真的邓小平，给予了更多的关心和爱护。

在朝夕相处和共同工作中，两个志同道合的革命青年建立了深厚的友谊。后来，当周恩来受中央指示，要离开法国回国工作的时候，不满二十岁的邓小平曾依依不舍、含泪相送。

在《赤光》编辑部里，在周恩来等较年长的共产党人的直接帮助和指点下，邓小平增长了才干，锻炼了能力。邓小平认真的工作态度和出色的工作成绩也给他的同志们留下了深刻的印象。也是在这个不起眼的岗位上，邓小平以出色的工作得到了大家的信赖和尊重。

几十年后，他的同志们还清楚地记得：“当时，邓小平同志负责《赤光》的编辑出版工作，几乎我每次到编辑部去，都亲眼看见他正在搞刻蜡版、油印、装订工作，他的字既工整又美观，印刷清晰。”

周恩来和同志们亲切地称邓小平“油印博士”。这是他们给予邓小平辛勤劳动的肯定，也是对这位年轻的革命者的精神鼓励。

如果说，到《赤光》编辑部之前的邓小平仅有着满腔的革命热情的话，那么在《赤光》编辑部的工作经历，则使他学会了如何将所学理论应用到革命的实践中去，掌握了一些科学的革命方法。在周恩来的指导下，邓小平也逐渐开始在《赤光》上发表一些革命宣传文章。

1924 年，应国内革命形势发展的需要，周恩来回国内参加工作后，邓小平开始负责《赤光》的编辑工作。

这时的邓小平，已经可以像周恩来那样，正确分析、把握问题实质，挥笔撰文，针砭时弊了。

年仅二十岁的他成了中共旅欧党团的负责人，也成了法国警方眼中“活跃的共产主义分子”

随着国内革命形式发展的需要，赵世炎、李维汉、王若飞、周恩来等一批旅欧党团骨干陆续回国工作。新的旅欧党团领导集体，迅速建立。

1924 年 7 月，旅欧中国共产主义青年团第五次代表大会选出新的领导班子：

秘书：周唯真

委员：余增生、邓希贤。

（三人组织书记局）

训练部主任：李俊杰

宣传部主任：徐树屏

时年不满二十岁的邓小平，当选了旅欧中国共产主义青年团的领导人之一，并正式加入了中国共产党。他的革命工作，也进入了又一个崭新的阶段。

新的旅欧中国共产主义青年团和共产党领导集体，继续深入勤工俭学学生和华工之中，宣传马列主义，介绍国内国际革命形势，并同当时的国民党右派和“中国青年党”进行了坚决的、针锋相对的斗争。

“中国青年党”在当时的旅法华人和留学生中，是一支较为活跃的政治组织。他们以《先声周报》为阵地，大肆宣扬“国家至上”，否定阶级斗争，并反对中国共产党的政治主张。他们对中国共产党主张的国共合作以及建立反帝反封建的革命统一战线的革命路线，进行了无理的批判。为了笼络人心，他们施展一系列骗人的伎俩，蒙蔽了一些华人团体和留学生。如，1924 年 10 月 10 日前夕，他们先在《先声周报》上刊出启事，自称代表旅法华人组成“国庆筹备处”。10 月 10 日当天，又以旅法华人各团体联合会的名义散发“国庆节”开会程序传单。当晚，他们用欺骗手法召开了一个所谓的“国庆节纪念晚会”。之后，青年党大肆宣扬说，在他们领导下举行的旅法华人国庆纪念会，不仅有“侨法各界人士广泛参加，而且有二百多名法国人到会，此举大大有利于联络法国人民之感情，便于他们了解我国之真相”等等。

1924 年 7 月，邓小平出席中国共产主义青年团旅欧第五次代表大会并与大会代表在法国巴黎合影

为了戳穿国家主义派的欺骗行为，邓小平作为旅欧共产主义团体的领导者，连续撰写了《请看反革命青年党人之大肆捏造》和《请看〈先声周报〉之第四批造谣的新闻》两篇文章，把中国青年党的欺骗人的卑劣手段公之于众。

他写道，自命为肩负救国重任并以旅法华人领袖自居的青年党，他们所主持的“国庆纪念会”，却是“音乐悠扬的‘奏乐’，肖妙之至的‘扮演’，体态活泼的‘跳舞’。他们干了一夜。这本是青年党的十月十日俱乐会、‘跳舞会’，他们却偏说是旅法华人的国庆纪念会。请看，这是何等的捏造！何等的欺骗!”邓小平在文章中质问道：“当国内直皖战于南，奉直战于北的时候，而他们反歌舞于花都,”这明明是“贻笑外人”，哪里谈得上什么革命活动。邓小平还指明，利用《先声周报》散布捏造的“新闻”，是国家主义派的一种重要手段。他特别提醒那些“为着新闻而读《先声周报》的人，应知反革命派就在迎合你们的需要，捏造新闻，来宣传你们欺骗你们呢”！

同时，邓小平还发表了一篇题为《请看国际帝国主义之阴谋》的文章。这篇文章，是针对美英日法等帝国主义国家准备联合借款给中国北洋政府的事件而写，他激愤地写道：

“这是最近国际帝国主义对于中国之阴谋，其实中国自四国银行团到新银行团之包办借款，关税、盐税之外人管理，铁路航路之利权丧失……早已在比统治德国的道威斯计划还十分厉害的道威斯计划中了。现在它还要用新的道威斯计划来统治中国，这简直是要把穷乡僻壤都在殖民地化！简直是要想吸尽全中国人民最后的那一点血！全中国人民反抗起来啊！打倒国际帝国主义。”

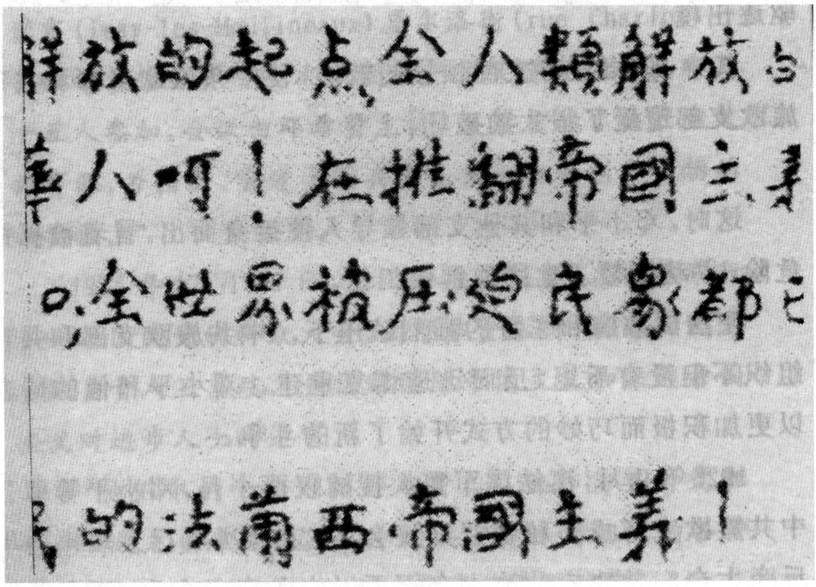

告示威华人书

文章切中要害，一针见血地指出帝国主义企图侵略、吞并中国的阴谋和危害，并号召全中国人民投入到反帝爱国的斗争中去。

邓小平的这些文章，短小精悍、战斗力强，虽无太深的理论性，却很具有说服力。

到1924年末，包括中国青年党在内的一些政治团体，逐渐淡出法国。青年党的首要人物曾琦、李璜等人也离开了欧洲，最后丢弃了他们在欧洲的阵地。

邓小平出色的工作使他取得了组织的广泛信任，也成了法国警方眼中的“活跃的共产主义分子”，引起了法国警方的注意。

1925年6月，邓小平和中共旅欧支部的其他同志共同组织领导旅法勤工俭学学生、华工和各界华人掀起了声援国内“五卅”运动的斗争浪潮。

6月7日，由中共旅欧支部、留法勤工俭学学生、旅法华工、华人等团体代表和个人参加的旅法华人大会在巴黎布朗基街96号社会厅召开。

大会声讨了帝国主义屠杀中国人民的罪行，声援了中国工人、学生和商人的正义反抗斗争。大会还成立了“旅法华人援助上海反帝国主义运动行动委员会”。

6月14日，旅法华人在巴黎举行游行，抗议法国政府出兵上海，要求法国立即撤退其驻华军队。中共旅欧支部和共产主义青年团还以传单的形式发出了“告示威华人书”。传单是由邓小平用那隽秀的字体刻写的，上面写道：

> 一个沉重而光荣的表示在欧洲反动势力的中心——巴黎发动了，我们被压迫的中国人民第一次向帝国主义的政府作直接的示威运动！参加示威运动的华人啊！你们的精神应该为我们所敬重，不论你们是相信什么主义的，只要你们在言论上、行动上是反对帝国主义的，只要你们从今日起能与帝国主义从事不妥协的斗争，我们都向你们致敬了。我们相信一切推翻帝国主义的工作，比什么都神圣。被压迫民族解放的起点，全人类解放的起点关键就是：推翻帝国主义！反对屠杀上海人民的法兰西帝国主义！反对屠杀上海人民的一切帝国主义！

6月21日，中共旅法支部和共青团支部联合国民党左派，发动了一次向中华民国驻法公使馆示威的行动，参加者二百余人。

他们从四面八方而来，封锁了公使馆的大门，切断了电话，捉到公使陈箓，迫令其在事先已准备好的文件上签字。这些文件以驻法公使陈箓名义，致电全国人民支持反帝运动；以陈箓名义通牒法国政府从华撤军；让公使向旅法华人道歉，保证以后切实保护华人利益和自由；还迫让陈箓捐款五千法郎，汇交上海援助罢工工人。上述所有文件全部分送有关机关和报社。

旅法华人声援国内“五卅”反帝运动的行动，震动了整个欧洲，同时也吓坏了法国政府。第二天，法国政府下令大肆搜捕旅法中国共产党。数日内，居住在巴黎区域内的二十多名中共党员和共青团员被捕入狱，四十多名参加运动的勤工俭学学生被驱逐出境。

其中，任卓宣等支部领导的被捕，使中共旅欧支部和共青团旅欧支部遭受了很大的破坏。

这时，邓小平和其他支部领导人便挺身而出，冒着被抓捕的危险，主动接替了党团的领导工作。

在法国政府和军警的镇压下，中共旅欧支部和共青团组织不但没有后退，反而迅速恢复重建。邓小平和他的同志们以更加积极而巧妙的方式开始了新的斗争。

1925 年 9 月，离法国军警大搜捕仅两个月，邓小平等即召集中共旅欧支部成员秘密召开议会，决定再次举行大规模的华人反帝大会。并决定此次大会不再以中共名义主办，而是改用中国国民党旅法总支部的名义召开。

9 月 15 日，反帝大会如期召开，与会一千多华人。会场上群情激愤，高喊：“打倒帝国主义！打倒军阀！中华民族解放运动胜利万岁！”

这次大会，又一次震惊了法国政府。法国政府下令：逮捕这次大会的主持者和组织者。

邓小平在此次大会上没有发言，因此没有成为警方搜捕的对象。但由于他在中共党支部的领导身份，也自然成了警方重点跟踪、监视的对象，并伺机对他实施抓捕。

警方的威胁丝毫没有吓倒邓小平。反而大大激发了他的革命斗志，丰富了他的革命经验，增强了他必胜的革命信念。这一点，我们可以从毛毛写的《我的父亲邓小平》一书所披露的资料中看到：

> 1925 年 10 月 25 日，法国情报员报告：“昨天（即 10 月 24 日）二十点至二十一点三十分，在伊希－莫利诺市夏尔洛街一家咖啡餐馆召开了一次中国共产主义者会议，共有二十五人参加，会议由邓希贤

主持。吴琪宣读了共产主义教育课，并指出，重建中国共产主义小组和创办刊物的必要性。”

1925年11月16日，法国情报员报告，在巴黎举行了一次国民党的群众大会，由邓希贤主持，纪念国民党旅欧负责人王京岐，并揭露国际帝国主义和法国帝国主义对进步人士的迫害。

他们中的一个人叫邓希贤……他作为共产党积极分子代表出席会议，在中国共产党人所组织的各种会议上似乎都发了言，特别主张亲近苏联政府。

此外，邓希贤还拥有许多共产党的小册子和报纸，并收到过许多寄自中国和苏联的来信。

有两个中国同胞与邓希贤住在一起，好像他们也都赞成邓希贤的政治观点。外出时，他们总是陪伴着邓希贤。

在法国警方得到上述情报后，于1926年1月8日，前往邓小平住处实施抓捕。令他们没想到的是，居然扑了个空。

搜查报告如下：

执行警察局局长的命令，今天早晨五时四十五分至七时，在布洛涅－比扬古尔对下列三家旅馆进行了搜查。这三家旅馆的地址是：特拉维西尔街14号；卡斯德亚街3号；朱勒费里街8号。

搜查这三家旅馆的目的，是为了查找从事共产主义宣传的中国人。

这些旅馆的全部房间已被搜查过，上百份中文文件都被查看过。

在卡斯德亚街3号旅馆的5号房间里，发现了大量的法文和中文的宣传共产主义的小册子（《中国工人》、《孙中山遗嘱》、《共产主义ABC》等），中文报纸，特别是莫斯科出版的中国共产主义报纸《进步报》，以及两件油印机的必需品并带有印刷金属板、滚筒和好几包印刷纸。

名叫邓希贤、傅钟和Ping Suen Yang的三个人在这个房间里一直住到本月7日。他们昨天突然离去，而住在朱勒费里街8号名叫Mon Fi Fian和Tchen Kouy的人，也同时匆匆离去。这些中国人看来是活跃的共产主义分子。

看来这些人由于发现自己受到怀疑，因此就急忙销声匿迹了。他们的同胞采取了预防措施，丢弃了一切会引起麻烦的文件。

邓小平在完成党组织交付的任务之后，顺利逃离了法国警方的视线，离开法国，奔赴十月革命圣地——苏联。

这五年多的法国生活，对邓小平的一生可以说起到了决定性的作用。如果说，刚到法国时，邓小平还是一个十六岁的单纯青年。那么，在经历了求学路上的苦难与艰辛，思想上的苦闷与煎熬之后；经过了马列主义的洗礼与熏陶，以及各种革命斗争的磨砺与锤炼之后；二十二岁的邓小平，在离开法国时，已经成长为一个具有坚定的共产主义信念和革命斗争经验的职业革命家。

第三章 留学莫斯科

这一次，可是名副其实的“留学”了

告别了，法兰西！

回想在法国的五年零两个月，邓小平思绪万千。他回想起自己带着满腔的“学点儿本事”、“工业救国”的理想，在“盎特莱蓬”号上曾经的美好幻想；回想起求学未果之后，炼狱般的打工生活；更回想起他和周恩来同志一起度过的一个个不眠长夜；回想起他和同志们一起与法国政府的顽强斗争；回想起……

虽然，时隔五年，邓小平未能有机会完成学业去实现曾经的理想，也经历了常人难以想象的磨难，但是他对于这段经历却丝毫不觉得后悔，反而引以为豪。因为，在这里他找到了值得他为之奋斗一生的事业——共产主义事业。

不过，这一次的莫斯科之行，他是要名副其实地“留学”了。中共中央为了培养革命干部，特指派邓小平带着学习的任务来到莫斯科的中山大学接受培训。同五年前一样的是，他的心情同样非常激动。因为，他对于这样的学习机会期盼已久。

他在莫斯科写的自传中，这样写道：

> 我过去在西欧团体工作时，每每感觉到能力的不足，以致往往发生错误，因此我便早有来俄学习的决心，不过因为经济的困难使我不能如愿以偿。现在我来此了，便要开始提高学习活动能力的工作。
>
> 我更感觉到而且大家都感觉到我对于共产主义的研究太粗浅……所以，我能留俄一天，我便努力研究一天，务使自己对共产主义有一个相当的认识。
>
> 我还觉得我们东方的青年，自由意志颇为浓厚而且思想行动亦难

系统化，这实于我们将来的工作大有妨碍。所以，我来俄的志愿，尤其是要受铁的纪律的训练，共产主义的洗礼，使我的思想行动都成为一贯的共产主义化。

我来莫的时候，便已打定主意更坚定地把我的身子交给我们的党，交给本阶级。从此以后，我愿意绝对地受党的训练，听党的指挥，始终为无产阶级的利益而斗争！

莫斯科中山大学的全称是“中国孙中山劳动大学”，创办于1925年9月。这所学校是苏共中央和苏联政府为了纪念孙中山这位为联俄、联共做出了突出贡献的一代伟人，帮助中国培养革命干部的学校。

1926年1月，邓小平离法赴苏，进入莫斯科中山大学学习，为以后的革命活动奠定了更为坚实的基础。这是中山大学原址

这是一所带有统一战线性质的干部学校。由于第一次国内革命战争形势迅速发展，国共两党都深感革命干部力量不足，所以中国共产党中央委员会和中国国民党中央执行委员会都对创办莫斯科中山大学给予大力支持和协助。国共两党都迅速选派了一批党团员和优秀青年到这所学校学习。

虽然，当时苏联的战争创伤尚未完全恢复，但是，年轻的苏维埃国家对这些外国学生竭尽全力给予了生活上和学习上的保障。

苏联国内成立了中山劳动大学促进会，筹集办学经费，而且为了供给外国学生们必要的外汇（例如回国费用），有时甚至还动用了苏维埃政府本来就十分短缺的外汇储备。苏维埃政府尽一切可能保证学生生活，外国学生甚至享有优于俄国师生的生活待遇。

有一位中国学生回忆道："我们从未断缺过蛋、禽、鱼、肉，而这些在1926年是不容易搞到的。虽然经济困难，但一日三餐的数量和质量却相当高。我认为，不会有什么富人的早餐比我们的更丰富了。"

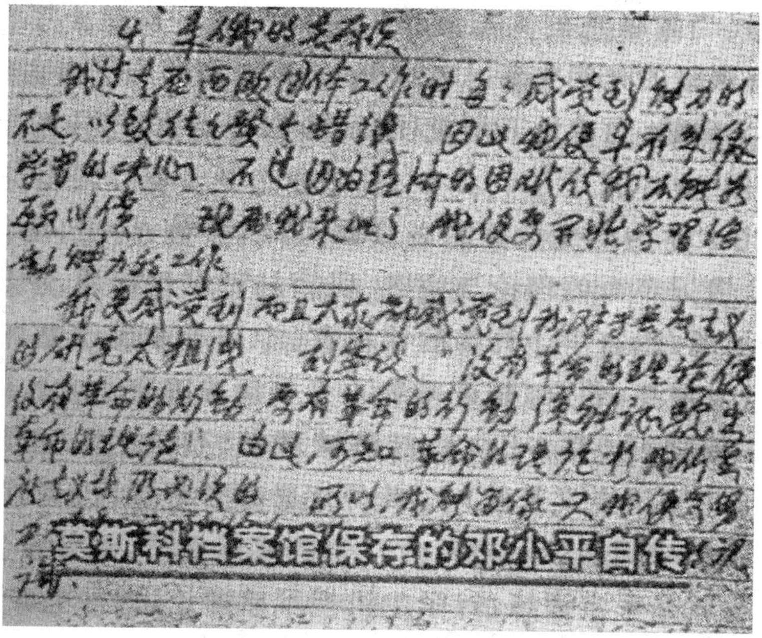

在中山大学，邓小平较系统地学习了革命理论。莫斯科档案馆至今还保存着他当时写的一份自传

学校给学生发送西服、大衣、皮鞋、雨衣、冬装及一切生活日用品，还设有门诊部专为学生看病。

学校常组织学生观看芭蕾舞、歌剧等艺术演出，组织假期的疗养和夏令营，还组织参观莫斯科的名胜古迹和到列宁格勒参观旅行。

这种生活，比起邓小平在法国的那种生活，简直是天壤之别。

在法国，他是处于社会最底层的外国劳工和穷学生，是受法国警方追捕的秘密共产主义组织的成员。

而在苏联，他们则成了受到热情接待的贵客。在苏联，这个劳动人民当家做主的大家庭里，邓小平第一次过上了没有压迫、没有黑暗的光明生活。在这里，他可以和同志们自由地讨论共产主义理想，自由地开展党团活动，心情无比愉快。

中山大学为学生设置的必修课为：经济学、历史、现代世界观问题、俄国革命的理论与实践、民族与殖民地问题、中国的社会发展问题、语言学。具体的课程有：中国革命运动史、世界通史、社会发展史、哲学（辩证唯物主义和历史唯物主义）、政治经济学（主要学习《资本论》）、经济地理学、列宁主义（主要学习斯大林《论列宁主义基础》）。此外还必须学好俄语。同时，学校考虑学生学成回国后从事革命斗争的实际需要，还开设了一门重要课程就是军事训练，对学生讲授军事理论，进行军事训练。

学校有时还请苏共中央和共产国际领导人斯大林、布哈林、托洛茨基等来校作报告和讲演。驻莫斯科的中共代表团负责人瞿秋白、蔡和森也到学校来看望，向他们介绍国内革命形势，同大家座谈。

令邓小平感到最困难、压力最大的是语言关。所以每周六天，邓小平每天都花四小时刻苦学习俄语。

中山大学的教学方法也别具一格。

在教学中，由教授先讲课（用俄语，但有中文翻译）；然后学生提问，教授解答；再由学生开讨论会，自由讨论；最后由教授作总结发言。

教学基本单位是班（亦有人称为小组）。

在中山大学的学生中，既有著名的共产主义运动活动家、著名的学者、教授，也有已在国内上过高中、大学的青年，还有从基层推荐来的仅有小学文化程度的工农干部。针对这一情况，学校根据学生知识水平的差异，按照学生具体情况来分班。对文化较低的学生设有预备班，进行初级教育，对俄语程度较高的设有翻译速成班。

邓小平文化水平属于中上，又有革命斗争的经历，被编到了人称“理论家班”的第二班七组，并任小组长。

这个第七小组，在学校特别引人注目。因为这个组里云集了当时在校的国共两党的重要学员，中共方面有邓小平、傅钟、李卓然等；国民党方面则有谷正纲、谷正鼎、邓文仪，还有汪精卫的侄儿和秘书、于右任的女婿屈武等等。按邓小平的说法，就是共产党和国民党的尖子人物都在一个班，因此这个班很有名。

第七小组的成员经常聚在一起讨论问题，由于国共双方人士在信仰上、观点上、见解上和阶级立场上都有着很大分歧，因此双方经常发生激烈的辩论和斗争。

邓小平在这些辩论中表现得尤为突出。在系统地学习了马克思主义理论之后，邓小平的批驳和辩论有了很强的理论色彩。他推理严密、作风坚决、语言简洁有力，加上他出色的论辩口才，他经常把对手驳得理屈词穷、无言以对。因此，同志们赠他一个雅号“小钢炮”。

中山大学内中共党支部的一份对邓小平的党员鉴定中写道：

> 姓名：邓希贤。
>
> 俄文名：多佐罗夫。
>
> 学生证号码：233。
>
> 党的工作：本班党组组长。
>
> 一切行动是否合于党员的身分：一切行动合于党员的身分，无非党的倾向。
>
> 守纪律否：守纪律。
>
> 对于党的实际问题及其他一般政治问题的了解和兴趣如何，在组会中是否积极地或是消极地提议各种问题讨论，是否激动同志们讨论一切问题：对党中的纪律问题甚为注意，对一般政治问题亦很关心且有相当的认识，在组会中亦能积极参加讨论各种问题，且能激动同志讨论各种问题。
>
> 出席党的大会和组会与否：从无缺席。
>
> 党指定的工作是否执行：能切实执行。
>
> 对同志们的关系如何：密切。
>
> 对功课有无兴趣：很有兴趣。
>
> 能否为别人的榜样：努力学习可以影响他人。
>
> 党的进步方面：对党的认识很有进步，无非党倾向。能在团员中树立党的影响。
>
> 在国民党中是否消灭党的面目：未。
>
> 在国民党中是否能适合实行党的意见：能。
>
> 做什么工作是最适合的：能做宣传及组织工作。

这份鉴定，充分体现了二十二岁的邓小平，作为一名年轻的中国共产党党员和后备干部，他从思想到行动上，都是令组织相当满意的。

由于个子不高，蒋经国和邓小平在站队时，经常是肩挨着肩并排站着

蒋经国1910年3月18日出生于奉化县蒋介石的旧居丰镐房内，幼年和少年时代随母亲毛氏生活。蒋介石虽不在爱子身边，却也为这个儿子的教育倾注了不少心血，经常与蒋经国书信联络。由于当时的蒋介石，是个典型的国粹主义者，认为半部《论语》可以治天下。所以受他的影响，蒋经国从小接受的是中国传统式的教育。他六岁进私塾，十二岁被蒋介石接到上海读小学和中学。

年轻时的蒋经国

蒋经国在上海读书期间，正值中国社会大变革的动荡年代，新思想、新观念无时无刻不在冲击着求知欲正旺、可塑性正强的蒋经国，同许多激进的爱国青年一样，蒋经国的思想境界不断发生着变化，开始投身到大革命的洪流中去。

1925 年，震惊中外的“五卅惨案”突发，蒋经国也走出课堂，参加到上海全市各阶层人民的反帝示威游行的行列中，而学校当局竟以“该生行为不轨”为由将他开除。蒋经国气愤难平，离沪北上。经蒋介石介绍到北京国民党元老吴稚晖所办的子弟学校——“海外补习学校”学习俄文。不久，又因参加反对北洋军阀的示威游行，被北京警察局关押两周。获释后，他便于同年 8 月南下革命发源地——广州探父。

到广州不久，蒋经国便听说黄埔军校在选拔一批学员赴苏留学。能有机会到世界革命圣地去接受革命的教育和熏陶，对于当时的蒋经国来说是一件再向往不过的事情。于是，他就向蒋介石提出留学苏联的要求，起初蒋介石并不同意，可后来在蒋经国的一再请求下，蒋介石出于对儿子的疼爱才勉强同意。1925 年 10 月 19 日，蒋经国由广州乘坐苏联轮船前往莫斯科。所以，蒋经国是比邓小平早一些来到莫斯科中山大学的。与蒋经国同行的有三十名国民党要员的子弟，著名的有：廖仲恺之子廖承志、叶楚伧之子叶南、于右任之女于芝秀及女婿屈武、冯玉祥之子冯国洪及其女冯弗能等。

到中山大学后，蒋经国学习刻苦、勤奋，各方面表现都非常活跃。再加上他的特殊身份，年仅十五岁的蒋经国引起了学校苏共党支部的重视。不久，他被批准加入了共产主义青年团。

蒋经国所在团的团小组长就是邓小平。

邓小平的年岁比蒋经国要大，革命的经验又很丰富，工作的能力有目共睹。而且，小平性格爽朗、活泼，又很健谈。因此，蒋经国和一些同学非常喜欢和邓小平在一起。一方面他是佩服小平，视小平为他学习的榜样；另一方面他非常喜欢听小平讲他们在法国的革命经历，讲他们如何开展革命斗争，如何进行秘密工作，如何与法国警方周旋等等。又由于两人个子都比较矮，排队的时候经常是肩并肩并排站着，所以接触的机会就比较多。渐渐地两人成了朋友。

莫斯科的冬天是非常美丽的，皑皑白雪将古老而庄严的克里姆林宫等典型的俄罗斯建筑物，装点得像一座座水晶宫。漫步在莫斯科宽阔的大街上，犹如走进了安徒生的童话。邓小平、蒋经国经常会邀上几个朋友一起到街上散步。边走边聊，很是开心。

有一次，蒋经国突然问邓小平：“你们为什么老围着一条大围脖呀？多累赘啊？”

原来，邓小平与傅钟、任卓宣三人同在法国留学，又同时来到莫斯科中山大学，三人虽性格迥异，关系却很亲密。在许多场合，三人经常同时出现，而且脖子上总是都围着一条蓝白道相间的大围脖，看起来非常扎眼。

见蒋经国好奇，邓小平拿起飘在胸前的围脖的一端说："你可不要小瞧这围脖，在法国，它可是无产阶级的标志啊！"

一听是无产阶级的标志，蒋经国更加不解，瞪大了眼睛："噢？无产阶级的标志？"

"那当然！"

邓小平的语气中充满了自豪道："在法国期间，资本家剥削得我们吃饭都吃不饱。为了能填饱肚子，我们经常会去当清洁工，干一些如拣马粪、扫大街的体力活。干一天能挣出来一个星期的花销来呢！"

"是吗？清洁工的工资这么高啊！"蒋经国接着问。

"工资高是因为没有人愿意做这种活呀！清洁工作是又脏又累又没有什么技术，还时常会遭有钱和没钱人的白眼和侮辱，当地人稍微有点钱能过活的，是不愿去做清洁工的。因此，只有出大价钱才能使一些人放下架子，不顾所谓的什么'脸面'去做。当时，我们留学生中，很多人因饥饿而死。为了生存，谁还顾得了那么多。所以，起初，我们做清洁工只是为了能有口饭吃。后来，慢慢地我们的生活好一点了，也学习了马列主义思想。我们才逐渐认识到，当清洁工没什么丢人的，清洁工和其他的知识分子、工人阶级是一样的，都是无产阶级的一部分，都是劳动大众的一分子，而且是最最基层的工作者。因而从事了这样的工作，我们是应该感到骄傲和自豪的。法国的清洁工每人都有这样一条围脖，所以，我们就一直戴着它。"

邓小平边说边抚摸着胸前的围脖。

"原来如此啊！"

蒋经国没想到，他这样一个简单的、带有玩笑性质的提问，竟然牵出这样一段感人的故事。

他发现他越是走近邓小平，了解邓小平，对邓小平就越是敬重。他感觉眼前这个不起眼的小个子，虽然只大他六岁，但是他的内涵却丰富得像一本永远读不完的书。

后来，由于出身，蒋经国被迫滞留苏联十二年。十二年中，他被下放到工厂、农村，度过了一段艰苦的生活，但他始终保持了坚强而乐观的生活态度并坚守着共产主义的信念。可以想象出，邓小平的经历和思想对蒋经国的这段经历产生了一定的影响。

但是，谁会想到，若干年后这对昔日的同窗好友，居然成了政治舞台上的对手。

在这里，他结识了聪明、漂亮的张锡瑗

在莫斯科中山大学学习期间，邓小平结识了蒋介石的儿子蒋经国，还结识了十八九岁聪明漂亮的张锡瑗。虽然，这两人同是邓小平的同学、朋友，但是与蒋经国不同，张锡瑗若干年后成了邓小平的亲密战友和爱人。

张锡瑗

张锡瑗出生于1907年，原籍河北省房山县良乡，父亲张镜海是一名出色的铁路工人，参加过“二七”工人大罢工，曾任良乡火车站站长。

张锡瑗曾在直隶省第二女子师范学校读书，1924年作为骨干分子参加该校学生改革学校教育的学潮运动，并在该校参加了共产主义青年团。

1925年，她在北京认识了李大钊、赵世炎等党的领导人，同年在北京加入中国共产党，并参加党领导下的国民会议促成会的活动。

1925年下半年，由于工作成绩突出，她被党组织送往莫斯科中山大学学习。

十八岁的张锡瑗人很漂亮，端正秀丽的面容，短短的头发，热情活泼。邓小平在莫斯科中山大学认识了张锡瑗，两人成了同学。

虽不同班，但两人都有着很丰富的革命经验，共同的话题较多，革命的观点也很接近，因此平时接触比较多。

两人在一起探讨国内外的革命形势和革命经验时，经常会感觉有说不完的话。邓小平向张锡瑗介绍法国的革命情况，张锡瑗来自国内自然要为邓小平解读国内革命现状。邓小平潇洒的谈吐、广博的知识和丰富的工作阅历给张锡瑗留下很深刻的印象。

1926 年底邓小平离开莫斯科时，两人之间已相当熟识，但尚未发展到恋爱的程度。直到一年以后，张锡瑗奉命回国参加革命，后来又辗转到了武汉，在党中央秘书处工作。在武汉，两人又意外相遇，恋情才自然而然地发展起来。

在莫斯科的学习经历，使邓小平较为全面和系统地学习了马列主义，使他能有机会直接与从国内来的共产党及国民党人士共同学习、生活，增进了对国民党的了解，为他回国后的革命工作奠定了坚实的理论和实践基础。

1926 年底，应国内革命形势的需要，邓小平再次放弃得之不易的学习机会，奉命回国，加入到了轰轰烈烈的国内革命活动之中。

第四章　投身国内革命

23岁的“第二黄埔军校”政治处处长

邓小平的此次回国，要从1926年5月，冯玉祥访问莫斯科说起。

1924年，国共合作的革命统一战线建立后，轰轰烈烈的国民革命在华南开展起来。

1924年10月23日在全国人民反帝反封建军阀的革命运动推动和鼓舞下，原直系军阀冯玉祥率部倒戈，发动了“北京政变”，脱离了北洋军阀阵营，转向三民主义和国民革命的道路。

冯玉祥在北京，受到中共人士李大钊的关心和帮助，在中国共产党的感召下，冯玉祥的爱国之心和革命之志更加明确。

1926年5月，在李大钊的安排下，冯玉祥赴苏联考察学习。1926年5月9日冯玉祥一行抵达莫斯科。苏联军政要员和东方大学、中山大学两校学生热烈欢迎了他们。若干天后，中山大学举行了欢迎冯玉祥的大会。会上，冯玉祥发表了慷慨激昂的演说。他回顾了国民军反对英、日帝国主义和吴佩孚、张作霖斗争的历史，畅谈了访苏的感受，还特别称赞了在中山大学和东方大学学习的中国学生是“有志救国的知识青年”。

冯玉祥的演说，赢得了邓小平和他的同学们的热烈掌声。他们为国内革命形势的发展所激动和兴奋，为冯玉祥所表现出的革命精神所感染所吸引，对冯玉祥表现出极大的好感。

冯玉祥访苏期间，中共中央驻共产国际代表团负责人蔡和森和在莫斯科东方大学学习工作的中共旅莫支部书记刘伯坚对他做了大量的工作，使冯玉祥对中国共产党的政治主张、十月革命的成功经验和苏联红军建设有了深入的了解。

8月17日，冯玉祥乘火车取道库伦回国。

国民军联军总司令冯玉祥在五原誓师大会上讲话

9月17日。冯玉祥在五原誓师，公开宣布全军集体加入国民党，接受“联俄、联共、扶助农工”的三大政策，打倒北洋军阀和帝国主义。

五原誓师后，冯玉祥便开始着手改编军队、整顿队伍，国民军逐渐摆脱了旧军阀的习气，迅速发展到二十多万人。

随着国民军的发展壮大，一个迫切需要解决的问题逐渐出现，那就是政治干部非常缺乏。为此，冯玉祥专门派人到北京找到李大钊帮忙物色干部人选。同时，还敦请苏联和共产国际选派中山大学一些优秀的学生前来帮助。

实际上，这是冯玉祥第三次提出这一要求了。前两次因为有经验、有能力的合适人选太少，因此，迟迟未能派出。这次冯玉祥通过李大钊再次提出这一要求，中共中央立即派陈乔年去包头与冯会晤接洽。经中山大学和蔡和森等人研究决定，邓小平等二十多名优秀青年被选拔出来，提前结束学习，回国到国民军中做政治工作。

邓小平作为中山大学学生中人数不多的有能力、最好的同志被选拔出来，显然与他在法国从事革命工作的经历、与他在中山大学的出色表现分不开的。

这样，邓小平结束了在中山大学不到一年的学习生活，于1926年底，和二十多名同志启程回国。

1927年3月，邓小平一行经过几个月的长途跋涉，经蒙古草原、西北沙漠，行程数千里，终于到达了冯玉祥率领的国民军驻地——西安。这一路上可谓历尽千辛万苦，几个月下来，脸都没顾上洗一把，身上衣服也破烂不堪。

20世纪20年代的冯玉祥

“我回来了！”

终于又回到了阔别六年的祖国，邓小平的心情异常激动。顾不得旅途的劳顿，邓小平迫不及待地投入到了国内革命的队伍中。

当时，国共两党的合作已处于破裂的前夕，政局动荡。

邓小平被分配到了中山军事学校，二十三岁的他担任起了中山军事学校的政治处长兼政治教官，并任该校中共党组织书记。

这是邓小平在国内从事革命实践活动的第一站。这也标志着，邓小平在众多的中共领导阶层中，以擅长做党的政治工作的特点，而得到承认。

中山军事学校名义上隶属于冯玉祥的国民联军驻陕总司令部，由于右任主办，但实际上它是由刘伯坚等几位共产党人筹建，由中共直接领导和掌握的。

全校各级领导和指挥职务，都由共产党人担任。除邓小平以外，校长由共产党员、国民联军驻陕总司令部政治保卫部部长、政治保卫师师长史可轩兼任。副校长兼教务主任由共产党员李林担任，组织科长为共产党员高克林，负责学员日常操练的学员总队长为共产党员许权中。

全校学员分三个大队（相当于营），大队长分别由共产党员高致凯、张汉俊、杨浪波担任。以下中队、分队的主要军事、政治干部绝大多数都是党团员。全校共有学员五百多名，其中有一百五十名为中共党员。

在整个国共合作的大革命时期，像中山军事学校这样的全校各级军事、政治及教育大权，自上而下掌握在共产党人手中的，在全国南北方众多的军官学校中是比较罕见的。

1927 年 3 月 31 日（农历二月二十八）中山军事学校举行开学典礼。国民联军驻陕总司令于右任、副总司令邓宝珊及冯玉祥部队的许多官佐、军校主要干部和全体学员参加了典礼大会。

中山军校主要培训国民军营、连、排级军官和中共选送的革命青年。它采用军事与政治并重，理论与实际相结合的方针，授课内容除军事理论和军事技术外，还设有社会科学概论、帝国主义侵略中国史、列宁主义概论、土地问题、农民问题、军队的政治工作等课程。对共产党员和积极争取加入共产党的学员，军校还加授了“什么是共产党”和“共产主义 ABC”等党课。

邓小平不仅直接负责军校的政治领导工作，还经常为学员授课。他对马列主义理论的深入理解和简练清晰的讲述，受到学员的热烈欢迎。

邓小平等还经常组织学员到街头、农村进行宣传工作，参加群众大会，帮助农民建立农民协会等，从事革命实践的锻炼。

就这样，经过几个月的努力，在邓小平、史可轩等人的卓有成效的领导下，中山军事学校培养出一批有着革命觉悟的初级军官和党政工作干部，成为培养军政人才的重要基地。一时声名颇著，被称为“第二黄埔”，或“西北之黄埔”。

中山军事学校的经历虽然短暂，但却为邓小平带来了丰富的军队建设经验和政治工作经验。为他几年后，顺利创建红七军、红八军打下了良好的基础。

国内形势风云突变，白色恐怖笼罩中华，为了秘密工作的需要，他改名“邓小平”

1927年4月，中国政局风云突变。

蒋介石背叛革命，在上海制造了“四一二反革命政变”，北伐战争就此中止，轰轰烈烈的大革命遭到了局部惨败。

全国顿时掀起了反帝讨蒋的革命运动。数以万计的工人、学生、热血青年、革命志士，以各种方式声讨老蒋的反革命行径。

然而，革命形势的恶化已不可逆转，蒋介石不仅没被打倒，武汉的汪精卫也宣布与共产党决裂。

在这场风云变幻中，曾经倾向进步的冯玉祥，也倒向了蒋介石一边。6月，他参加了汪精卫在郑州召开的反共会议，并随即对其军队中的共产党人进行清除。

所幸的是，冯玉祥毕竟受过进步思想的影响。他没有像蒋介石和汪精卫那样，对共产党人实施残酷迫害。而是手下留情，他以训练为名，将在他部队工作的二百多名共产党员“礼送出境”。

一场轰轰烈烈的大革命，宣告失败了。

在邓小平历尽了艰辛，一心回到国内参加革命之后，才短短的几个月。瞬间逆转的国内革命形势，使二十三岁的他，多少有些措手不及。但丝毫未曾动摇他的共产主义信念。

又一次要被迫离开才刚刚开始的事业，邓小平的身心，再一次经受了痛苦的磨砺。他的意志更加坚定。他开始意识到，国内革命的道路比他所预料的更加艰难和漫长，他应该做好应对这一切的心理准备。

他想起了革命先驱孙中山先生的遗言：“革命尚未成功，同志仍需努力！”

遵照中山军校党组织的安排，邓小平告别中山军校，离开西安，奔赴当时的中共中央所在地——武汉。

当时的武汉，已处于一片白色恐怖和血腥屠杀之中。汪精卫率领的武装力量，对共产党实施着残酷的杀戮。

我党的工作已被迫转入地下秘密状态。

邓小平于1927年7月来到武汉，向中央军委报到。随即，被分派在中央做秘书，在中央秘书长的直接领导下工作。

当时的中央秘书长下设八大秘书，但由于形势变化，只有邓小平一人到任。所以，中央秘书长之下，只有邓小平一人做秘书工作。但当时的工作量却并不大，主要是因为中央已与全国大多数党组织失去了联络。中央秘书的工作，主要是在保证安全的前提下，维护中央机关的运转。

迫于秘密工作的需要，他改名“邓小平”。

在白色恐怖的笼罩下，到党中央机关工作不久的邓小平，经受了严峻的考验。

为了摆脱敌人的魔掌，邓小平随党中央机关从汉口搬到武昌，又从武昌搬回汉口，经常转移。顽强地与国民党反动派周旋。

“八七”会议会场

蒋汪合流反共后，中国共产党内部因受陈独秀右倾机会主义路线的影响，上层领导之间思想出现分歧。为了从根本上纠正机会主义错误，从组织上解决中央领导层对待国民党右派问题上表现出来的软弱和投降，在共产国际的帮助下，中共中央决定，8 月 7 日在汉口召开紧急会议。

会议是在极端秘密的情况下筹备和召开的。

会议的具体筹备工作，落在了邓小平的肩上。

他与中共中央秘书长李维汉一起住在瞿秋白和夫人杨之华的住处德林公寓内。瞿秋白夫妇住一大间，李维汉、邓小平分别住在前后两小间。这里与八七会议的会址很近，来往方便。

8 月 3 日夜，邓小平被交通员悄悄地带到汉口俄租界三教街 41 号（今鄱阳街 139 号），开始布置会场，并具体落实安全保卫措施。

这是一幢西式公寓的二楼，即将举行的中央紧急会议的秘密会场。会场为相连的两个房间，还有一间侧房作厨房用。这里原是援华俄籍农民问题顾问洛卓莫夫的家。二十多天前，洛卓莫夫被汪精卫驱逐回国，房子空出后还未引起人们注意。

在这个陈设简陋的房子里，邓小平逗留了六天。

8 月的武汉，酷热异常。但为保密，只得整天关着门窗，不透一点风，室内闷得像蒸笼。邓小平与陆续来到的一二十名中央委员和代表都在这里静候，困了就在地板上打个盹，饿了便倒杯开水啃着干粮，在焦灼中等待着会议的召开。

他和同志们在这里制定了非常周密的安全措施。安排所有与会代表分期、分批，分别由后门进入会场；知道地点的代表自己来，不知道地点的，由交通员或其他代表带进来；门口有同志接应；遇有紧急情况，可从后门的小巷及屋顶的凉台疏散；邓小平全程在会场负责组织安排各项工作，包括会议的记录、代表的食宿和安全撤离等工作，并最后一批撤离会场。

在他们的精心策划下，8 月 7 日，会议如期举行。

会上，邓小平第一次见到了毛泽东，并仔细倾听了他的重要发言。毛泽东在会上指出，党中央所犯错误中的一个错误就是，认识不到军队的极端重要性。他强调，全党以后要非常注意军事，须知政权是由枪杆子中取得的。

年轻的毛泽东高屋建瓴、一针见血的发言，给邓小平留下了深刻的印象。

“八七会议”取得了重大成果。

在这场白色恐怖笼罩的腥风血雨中，革命队伍中，有的被杀害了，有的被逮捕了，有的彷徨了，有的失措了，有的脱离了革命队伍，有的甚至走向了反革命的道路。

但是共产党和中国人民没有被吓倒，被征服，被杀绝。他们从地上爬起来，揩干身上的血迹，掩埋好同伴的尸首，他们又继续战斗了。

邓小平——就是这其中的一员。

“八七会议”是中国共产党在危急关头，召开的一次相当重要的会议。邓小平为会议的顺利召开，立下了汗马功劳。

邓小平凭着顽强的意志、机警的头脑、坚定的革命信念，出色地完成了党组织交付的任务，取得了党中央的充分信任。

在上海，二十四岁的中央秘书长是吊起脑袋在干革命

为了躲避汪精卫的迫害，“八七会议”后不久，中共中央机关从武汉迁往了上海，邓小平随行。

1927年12月，邓小平被任命为中央秘书长，开始直接协助周恩来等中央领导同志的工作。

当时，上海的斗争形势非常复杂。

作为发达的商业城市，上海有着力量可观的工人阶级队伍，同样作为中国资本主义的发祥地之一，上海也是各路官僚、外国帮办及各种政治派别盘踞的地点。“四一二反革命政变”之后，上海成了新军阀的势力范围，这里军警森严，特务猖獗，几乎每个星期都有革命群众或共产党人被捕被杀。

在这种情况下，党的安全工作显得比什么都重要。

因此，党中央对革命工作提出，“以绝对秘密为原则”，要求党的“机关群众和负责干部职业化”。

为了加强保密工作，中央领导的办公、居住地点和姓名会经常变换。而且，经常需要找那些在几个弄堂里都有出口的房子，以应付敌人的搜查。中央领导同志之间，都互不知道他人的住处，只是通过中央秘书长单线联络。

作为中央秘书长的邓小平，掌握着所有中央负责同志和各处中央秘密机关的地址和地点，而且只有他一人掌握这些绝密情况。可以说，他一人，身系着所有中央机关及中央领导同志的安危。

很快，党中央便在上海建立了秘密工作机关，组织了全国秘密交通网络，并出版了党的秘密机关报。

就是这样一份责任，充分体现了党对这位二十四岁的年轻共产党员、中央秘书长的绝对信任，对他卓越才能的绝对肯定。

党中央到上海后，很重要的一项任务就是要进行极其艰难的组织工作，恢复、整顿和重建党的组织，改变在严重白色恐怖下党的散乱状况。

1927 年至 1931 年，中共中央机关所在地上海

为了安全和保密工作的需要，当时的中央机关是分散在许多地方的。但大都设在国民党反动势力较为薄弱的租界区内。为了开展工作，邓小平和其他同志，经常会化装成各种各样的有钱人，出入不同的场所。

其中，有一个中央机关所在地，是四马路（今福州路）天蟾舞台后面 447 号的楼上。这幢房子，楼下是“生黎医院”，楼上就是挂着“福兴布庄”招牌的中共中央常设的活动场所。这家商号的老板熊瑾玎，人称“熊老板”，其真实身份是中共中央秘书处的特别会计，负责党中央经费的管理工作。中央苏区送来的黄金、首饰等一般都是由他通过有关系的银行兑换成钞票后，再分送到各有关地方。他的夫人朱端绥，名为老板娘，其实是在中央机关做一些日常的杂务工作，为前来开会的人员服务。

熊瑾玎和朱端绥都直接受邓小平的领导。这个地方的保密工作一直做得很好，从未遭到过敌人的察觉。从 1928 年 11 月到 1931 年 4 月之间，中央政治局的会议几乎都是在这里举行的。直到 1931 年 4 月，顾顺章被捕叛变，中央才主动放弃了这一地点。

年轻的邓小平，除了担负党的安全工作之外，还直接领导了中央机关秘书处的工作。

秘书处下设文书、内交、外交、会计和翻译五个科，工作范围包括：中央文件的刻印、收发、传达和密写；中央与顺直、满洲、湖南、湖北、广东、广西等省地下党组织的联系；建立与维护以上海为中心的联系各地人员的全国秘密交通网络；党的经费的收集、汇兑和管理；与共产国际的联系等等。

这些工作是千头万绪、纷乱繁杂、变幻莫测，但在邓小平这位年轻的中央秘书长的统一组织调度下，一切都进行得井然有序、有条不紊，有力地保证了中央机关在当时极其复杂条件下的正常运转及党中央对各地党组织的领导。

后来邓小平曾回忆这段经历，他说：

“我们在上海做秘密工作非常艰苦，那是吊起脑袋在干革命。我们没照过相，连电影院也没去过。我在军队那么多年没有负过伤。地下工作没有被捕过，这种情况是很少有的。但危险经过好几次。最大的危险有两次。一次是何家兴叛变，出卖罗亦农（当时任中央政治局常委、组织局主任）。我去和罗亦农接头，办完事，我刚从后门出去，前门巡捕就进来，罗亦农被捕。我出后门看见前门特科（我党安全保卫机构）一个扮成擦鞋子的用手悄悄一指，就知道出事了。就差不到一分钟的时间。后来，罗亦农被枪毙了。还有一次，我同周恩来、邓大姐、张锡瑗住在一个房子里。那时我们特科的工作好，得知巡捕发现了周住在什么地方，就要来搜查，他们通知了周恩来，当时在家的同志就赶紧搬了。但我当时不在，没有接到通知，不晓得。里面巡捕正在搜查，我去敲门，幸好我们特科有个内线在里面，答应了一声要来开门。我一听声音不对，赶快就走，没有出事。以后半年的时间，我们连那个弄堂都不敢走。那个时候很危险呀！半分钟都差不得。”

他和张锡瑗“白色恐怖下的浪漫爱情故事”

就是在邓小平自己所说的“吊着脑袋干革命”的这段日子里，邓小平的个人生活也发生了重要的变化。

在白色恐怖下，乐观向上的邓小平，没有被敌人吓倒，更没有被身上的重担压垮。他身负重任，却始终“活泼开朗，爱说爱笑”、“诙谐幽默”，甚至与昔日同窗张锡瑗谈起了恋爱。

邓小平与张锡瑗在莫斯科中山大学时，就已经相当熟悉。但当时，都是学生，主要的任务是学习，所以两人虽互有好感却并未发生恋情。

后来，邓小平从冯玉祥部队离开，到中央机关工作。意外地在武汉遇到了老同学张锡瑗。此时的张锡瑗也是刚刚由莫斯科来到武汉。两个老熟人在他乡邂逅，自然非常喜悦。两人又同在中央秘书处工作，平常接触的机会又很多，恋情才逐渐萌发。

党中央机关搬到上海后，邓小平任党中央秘书长，张锡瑗在他领导下工作。

1928 年春，两位志同道合的年轻共产党员，喜结良缘。

为庆祝这对革命夫妻的结合，中共中央特意在上海广西中路一个叫“聚丰园”的四川馆子，办了三桌酒席。周恩来、邓颖超、李维汉、王若飞等中央领导及机关工作人员都参加了，共三十多人。

在毛毛写的《我的父亲邓小平》中这样写道：

> 当时曾参加吃喜酒的郑超麟老人对我说：“张锡瑗人长得很漂亮，个子不高；是保定第二女子师范的学生，和李培之（王若飞的夫人）一道闹学潮的，在武汉也作过秘密工作。张锡瑗的朋友很多，当时也有其他的人追求她，可她和你爸爸结了婚。后来我住在一个叫王少兴的人家里，你爸爸在西北军里认识王，他和张锡瑗常到王少兴那里去看他，因此我常见到他们。”
>
> 革命老妈妈朱月倩也对我说：“在上海时，我的丈夫霍步青在中央军委工作，我也是在中央军委机关工作。那时我们夫妇和你爸爸、张锡瑗，还有恩来同志和邓大姐，六个人一个党小组。我们一起过组织生活，一个礼拜过一次，地点换来换去，主要内容是学习。你爸爸是个很好的干部，工作能干。张锡瑗是北京人，一口北京话。我现在还记得她的样子，个子和你差不多（注：我是一百六十厘米高），讲话轻声轻气的，长得蛮漂亮，白净的脸，很秀气，人温柔得很，和你父亲的感情很好。”
>
> 朱端绶妈妈也告诉我：“我当然认识张锡瑗，她来过我们机关，和我挺要好的，她人很漂亮，性格挺好，挺活泼的，和我一个脾气，

很爽快，有话就讲。她的性情温和；很可爱，对人很好，我们年龄差不多，很是谈得来。那时候我们做地下工作，装的是有钱人。所以张锡瑗也是穿旗袍，短头发，穿高跟鞋。恩来同志和你爸爸他们也是穿长袍，戴博士帽。”

父亲和张锡瑗，曾经有大半年的时间，和周恩来与邓颖超两对夫妇住在一起，那是在公共租界的一幢房子里。周伯伯和邓妈妈住楼上，父亲和张锡瑗住楼下。邓妈妈曾经说过，他们常常听见父亲和张锡瑗在楼下又说又笑的。

我问过父亲，他说：“那时候都是年轻人，当然又说又笑！”

邓小平和张锡瑗，既是同学，又是战友，更是一对感情笃深的年轻夫妻。

在白色恐怖的上海滩上，在那巡捕森严的租界地里，有这一片纯洁、美好的人间真情存在其中，实在令人看之悦目，闻之清心。

然而，往往越是完美的事物，它的存在就越是如昙花一现。

1929年7、8月间，邓小平受中央委派，奔赴广西工作。

1930年，他回上海汇报工作，久别的新婚夫妻才又得团圆。当时，张锡瑗正在住院，等待分娩。这对儿就要为人父母的年轻夫妇，心情是既紧张又愉快。然而不幸的是，张锡瑗却得了产褥热。不久，母女双双病逝。同时失去了两位亲人，使邓小平悲痛万分。

这段感人的爱情故事，也走到了结尾。

许多年以后，邓小平还深情地对他的子女说：“张锡瑗是少有的漂亮。”

如今，我们唯一能借以缅怀这位革命志士的，是1926年，她与中山大学的二十几位女同学一起在莫斯科郊区的一个疗养院照的一张集体相。相片中的她，和同学们站在一起的亲热姿态，都非常真切。谁能从照片上看出，这个女孩子般的年轻共产党员，已经几经革命斗争的锤炼了呢？张锡瑗把这张照片寄给了她在国内的家人。直到1978年，上海龙华革命公墓的同志们才从她的亲人手中找到这张珍贵的照片。这也是张锡瑗在短短的二十四年的生涯中仅存的一张照片。现在，它正端端正正地镶嵌在上海龙华公墓张锡瑗烈士的墓碑上。

邓小平在中央机关工作的这近两年时间里，正是中国共产党面临的最危险、最困难的时期。

在这场腥风血雨中，年轻的邓小平身负重任，凭借卓越的才能、超强的意志，一次次出色地完成了党的各项工作，经受住了最严峻的考验。

这段经历，特别是担任中央秘书长的经历，使邓小平对党的工作，有了一个更加全面的认识；使他的各方面才能，在实际的工作中得到了全面的锻炼；使得年仅二十五岁的邓小平，具备了独当一面、独立领导一个地区党的工作的基础能力。

这段经历，对他的一生产生了深远的影响。

第五章　百色、龙州举义旗

周恩来胸有成竹地说："派邓小平同志去！"

1929年夏，邓小平被中央派往广西，以中共中央代表的身份，领导当地党组织的全面工作，准备武装起义。

此次，邓小平的广西之行，要从中共六大讲起。

1928年6月18日至7月11日，中共六大在莫斯科举行。大会通过了《政治决议案》等文件，指出中国的社会性质仍然是半殖民地半封建社会，中国革命现阶段的性质，是资产阶级民主革命，当前的政治形势是处在两个革命高潮之间，党的总任务不是进攻，而是争取群众，准备暴动。

右江苏维埃政府

在中共六大精神指导下，中共中央决定在广西地区发动武装起义，建立革命根据地，形成全国暴动形势，以期达到全国革命的新高潮。

为此，中共中央决定派邓小平去广西工作。

为什么选择广西呢？

广西，地处南疆，与越南毗邻，是我国与东南亚各国进行交往的重要通道，战略地位十分重要。

广西，是一块光荣的土地，广西人民素有反帝反封建的光荣斗争传统，震惊中外的中法战争和太平天国革命运动就爆发在这里。

广西，又是一块沉重的土地，外侮内乱，兵连祸结。当时的越南是法国殖民地，帝国主义势力的侵略和渗透一刻也没有停止过；新旧军阀以广西为基地，将魔爪伸向全国，把广西人民拖进了连年的军阀混战，更加重了人民的苦难。

广西，更是一块充满希望的热土，马列主义在这里秘密传播，中国共产党的优秀代表在这里动员群众，发展组织，特别是韦拔群同志领导的农民革命运动，更是热火朝天，如火如荼。

1929 年领导发动百色起义时的邓小平

在内忧外患中，在新旧势力的激烈碰撞中，广西大地云谲波诡，变幻莫测。

1929年春，爆发了蒋桂之间的军阀战争。

当粤军陈济棠与李宗仁、白崇禧部队在广东三水激战时，蒋介石利用桂系内部矛盾，策动桂军指挥官师长李明瑞于武汉前线倒戈，迂回进入广西。这场战争遂以桂系军阀的失败而告终。

同年6月，蒋介石委任广西籍军人俞作柏、李明瑞为广西省政府主席和广西编遣特派员（后改为第四编遣分区主任）。

这一政局的变化，给广西革命带来了有利的转机。

俞作柏，是新桂系元老之一，在第一次国共合作时曾担任国民党广西省党部农民部长、省政府农工厅长兼国民党中央军事学校第一分校（又称黄埔南宁军校）校长。深受中共和工农运动的影响，倾向革命。他一直受李宗仁、黄绍竑、白崇禧的排斥，“四一二”反革命政变时，他被桂系军阀政府通缉并查封家产，被迫退居香港。

俞作豫　　李明瑞

李明瑞，是俞作柏的亲表弟，他曾任国民革命军第七军旅长、师长，参加北伐战争，屡立战功，有“虎将”之称，他也遭受桂系军阀李宗仁等人的排斥，积愤不平，早就想摆脱桂系的羁绊，故在蒋桂战争中，他与俞作柏一起，借助蒋介石力量，击败了李宗仁、白崇禧为首的桂系军阀集团，于同年7月率部进占南宁，掌握了广西军政大权。

俞作柏、李明瑞主政后，军政基础极为薄弱，军费方面筹措艰难，省内经济困难重重。蒋介石原来许诺他们的二百万两黄金，也迟迟未能兑现。这使他们深深感觉到蒋介石是靠不住的。

于是，他们转而希望能求助于共产党。

俞作柏对于共产党，心中本无芥蒂，而且向来有好感。

而李明瑞则本来就生性磊落，倾向革命。“四一二”事变后，他对于蒋桂军阀以“清党”名义迫害共产党人十分气愤，忍痛送走了所部共产党员。

更为凑巧的是，在俞作柏和李明瑞身边，还有一个秘密共产党员。每日耳濡目染，时时对他们进行提示。那就是俞作柏的胞兄弟俞作豫。

俞作豫，曾在广州护法军燕塘讲武堂就读，大革命时期参加北伐战争，任李明瑞旅下辖第三团团长，也是一员勇猛战将，在汀泗桥、贺胜桥和江西德安等战役中建有战功。大革命失败后，俞作豫于1927年10月在香港加入了中国共产党，同年12月参加了广州起义，后被派回广西从事革命活动，领导农民运动，组织农民自卫队。1929年春，他奉命到桂军俞作柏、李明瑞部进行秘密工作。

当俞作柏、表兄李明瑞一经表示，希望中共能派干部协助其工作，以便建立一个独立于蒋介石和桂系军阀集团之外的、类似北伐战争前广东革命政府那样的新政权之时，俞作豫义不容辞，立即与我党取得了联系。

中共中央和中共广东省委获得这个信息后，便决定利用这一有利时机。

可派谁去合适呢?

“派邓小平同志去!”中央军事部长周恩来胸有成竹地说。

因为邓小平回国后工作干得很出色，遇事机智果断，处理事情得体，已经赢得了同志们的广泛信任。

经过周恩来推荐及中央批准，年仅二十五岁的邓小平作为中共中央的代表，于当年7月初，秘密经香港到达南宁。

在广西，出现了罕见的革命新高潮，幕后指挥就是25岁的“邓斌”

在南宁，为方便开展工作，邓小平化名邓斌，公开身份为广西省政府秘书，实则是借此身份行使中共中央代表的职权。

不久，中央又陆续通过各种渠道，派张云逸、徐冠英（又名徐开先）等四十多名有丰富政治、军事工作经验的干部，进入广西，秘密协助邓小平的工作。

一到南宁，在正确分析了俞作柏、李明瑞的政治态度和处境之后，邓小平随即制定了巧妙的工作路线：

一方面，对两人进行团结、教育，帮助他们整顿军队，共筹反蒋、反新桂系军阀大计；

另一方面，坚持我党独立自主的原则，伺机将我党干部编入军中合适位置，发展自己的革命武装力量；

除此之外，还要积极推动当地的农民革命运动。

在俞作豫的帮助下，邓小平很快便使俞作柏、李明瑞与中共建立了较好的合作关系。

两人同意接纳、安排中共派来的一批干部到其军政部门任职，如陈豪人到省府任机要秘书，龚鹤村先任省府船务处长，后调任南宁市公安局长；同意开放工农运动，释放政治犯，起用罗少彦、岑伯英、陈可福、陈可夫、张震球、陈漫远等当地的中共党员干部和革命青年，到省和县有关部门工作。

从此，广西局势为之一振，各地的工农革命运动又蓬勃开展起来。

俞作柏、李明瑞非常重视扩建军队，邓小平便趁机向俞、李建议，开办以培养部队初级军官为目标的广西教导总队，并活动由徐开先和张云逸分别担任总队长和副总队长。

广西教导总队设三个营九个连，共有学员约一千人。党组织选送一百多名优秀青年，安插到教导总队当干部或学员。九个连的干部都是共产党员，排长也是挑选学员中思想进步的人来担任，各连队都建立了党的秘密组织。仅用了两个月的时间，就发展了三百多名党员。

该教导总队，名义上是训练军官，实际上是中共为改造旧军队、建立革命武装而培养干部。

由于加强对学员的政治宣传教育，向他们灌输革命思想，使学员的思想政治觉悟迅速提高，结业后分配到各部队去，成为改造旧军队的骨干力量。

接着，邓小平通过内部活动，推荐张云逸、俞作豫分别担任驻南宁的广西省政府警备第四、第五大队长。这两个大队是李明瑞回广西后收编一些土匪、民团和散兵游勇组成的，成分复杂，纪律性差，缺乏战斗力。

张云逸、俞作豫等便按照邓小平的指示、党组织的部署，对这两支部队进行改造。

首先，在士兵中进行革命民主教育，提高他们的政治觉悟。在此基础上，发动士兵起来揭发反动军官克扣军饷和打骂、虐待士兵的罪行，果断撤换一批反动军官，另派中共党员干部去替代。

同时，吸收一批工人、农民、进步学生参加部队，增加部队中的工农成分比重，使这两支部队面貌一新，其领导权基本掌握在中共手里。

邓小平在开展兵运，训练、掌握革命武装的同时，还积极推动广西的农民革命运动。

8月中旬，随着各地农民运动的蓬勃发展，广西第一次农民代表大会在南宁召开。

会议决定成立广西农民协会筹备处，选举雷经天、韦拔群、陈洪涛等十一人为执行委员。大会还决定出版《广西农民》三日刊，这个刊物实际上是中共广西党组织的机关刊物。

会议期间，经党组织安排，俞作柏会见了右江地区农民运动领袖韦拔群，并同意成立“右江护商大队”，拨给东兰、凤山地区农民军一个营的武器装备。

会后，中共推荐了一批共产党员和革命青年，由俞作柏委任为右江和左江地区各县县长或农运特派员，进一步推动左右江地区农民运动的蓬勃发展。

9月，邓小平同志和贺昌同志指导广西特委，在南宁津头村秘密召开中共广西第一次代表大会，通过“广西党的政治任务决议案”，提出了“深入土地革命宣传和行动”、“准备武装暴动夺取政权”的正确主张，对后来举行的百色起义、龙州起义具有重要的指导意义。

仅仅几个月的时间，在邓小平和其他同志耐心细致的工作下，广西的党组织又活跃起来，兵运、工农运动及政权建设都取得了很大的成绩。

在当时全国革命形势处于低潮的情况下，广西却出现了罕见的革命新高潮。

更令敌人想不到的是，这一切的幕后主使，就是一个年仅二十五岁的青年。

广西局势的变化，引起了反革命势力的恐慌。

有人高喊：“俞作柏、李明瑞来捣乱，致使左右两江赤焰滔天，原东兰之共匪，也就死灰复燃。”

失去广西地盘的桂系军阀首领李宗仁惊呼：俞作柏、李明瑞“南归后，为虎附翼，共祸始炽，桂省几成为共产党之西南根据地”。

力挽狂澜，智擒匪首，他让百色沸腾了！

正当广西的革命斗争形势有了新的转机的时候，广西的政局却发生了急剧的变化。

邓小平题词的百色起义烈士纪念碑

俞作柏、李明瑞执掌广西军政大权后，国民党并没有放弃对他们的拉拢。

1929 年 8 月，老谋深算的汪精卫就派出薛岳到广西南宁游说，并以高官许诺，拉拢俞、李联合张发奎一起反蒋。特别是针对广西当时财政困难，俞、李急需军费的实际状况，汪精卫以拨给经费作为条件，答应只要俞、李起兵，就立即拨款八十万元作为第一笔军费。

由于俞作柏、李明瑞也得知，蒋介石已在伺机除掉他们。所以，他们认为与其坐以待毙，不如先发制人。

李明瑞等开始动心了。

接着，汪精卫又走出了第二着棋，答应俞、李进攻亲蒋的陈济棠部得胜后，允许俞、李占据广东部分富庶之地，以增加地方财政税收。

邓小平得知这一消息后，立即与其他负责同志进行了研究。认为俞、李掌握广西政权只有三个多月，立足未稳，加上其部队内部复杂，仓促出兵，必然失败。

因此决定：一方面，劝说俞、李不要出兵参加军阀混战；另一方面，做好应变准备，应付可能出现的不利局面，以便使我党掌握的武装部队随时撤离南宁，到农民运动基础较好的左右江地区建立革命根据地。

根据这一决定，首先，中共广西特委对左右江地区的工作进行了部署，并派出一批党员干部建立和加强地方党的领导，为战略转移做准备；其次，邓小平以广西教导总队和广西警备第四、第五大队未训练好，后方需要保卫为由，向俞、李建议让这几支部队留守南宁，俞、李同意了这一建议。

俞、李不听中共的善意劝告，于10月1日在南宁举行反蒋誓师大会。

会后，二人出兵广东，进攻亲蒋的广东军阀陈济棠。

不出邓小平所料，俞、李的讨蒋部队尚未走出广西，他的十六师师长吕焕炎、五十七师师长杨腾辉和十五师四十四旅旅长黄权就被蒋介石重金收买，倒戈投蒋了。

俞、李只好带着几个随从逃回了南宁。

这时，亲蒋的广东军阀陈济棠按照蒋介石的命令，派香翰屏、余汉谋、蔡廷锴三个师直逼南宁。

在此关键时刻，邓小平当机立断，决定中共在南宁掌握的广西警备第四、第五大队和广西教导总队这三支队伍撤离南宁，挺进右江和左江地区。

1929年10月22日，邓小平率领大队人马沿着右江岸边，浩浩荡荡地挺进桂西重镇百色县城。

百色，是个依山傍水、景色秀丽的山城。人口一万左右，杂居着壮、汉等各族人民。它是右江地区政治、经济、文化、交通的中心，连接着云南、贵州交通要道。

控制百色，可以北依农民运动基础较好的东兰、凤山两县，作为后方基地；南连左江地区龙州一带，与广西警备第五大队相呼应；它地处桂西山区，却相当繁华，经济上可以取得一批税收。

率部进驻右江地区后，邓小平认为当务之急，就是与韦拔群领导的右江地区农民运动相结合，缜密地筹划武装起义，做好创建红军，成立红色政权的准备工作。

为此，邓小平主持在百色召开了部队党委会议。

会议分析、研究当前左右江地区的形势，制定了今后的斗争策略，决定：第一，公开在部队和群众中宣传我党的主张，发动群众；第二，整顿部队，壮大武装力量；第三，组织和发动群众，在有工作基础的地方，通过地方党组织，将枪支发给群众，以便进行反霸斗争；第四，继续清除部队中的反革命分子。

会后，他们立即进行了部队的整顿、改造工作。

他们着重对士兵进行思想政治教育，提高士兵觉悟，发动士兵揭发旧军官的犯罪行为和军阀作风，反对贪污克扣军饷，反对虐待士兵，严办了深为士兵痛恨的一个营长。对屡教不改的旧军官和兵痞流氓，则采取撤换、“调训”或“礼送出境”的办法，加以处理。同时，从教导队里抽调一部分党员加强基层党组织，并吸收了一千多名工农优秀青年入伍，壮大、纯洁了队伍。

其次，按照党委会精神，部队公开在群众中宣传中共主张，宣传、发动和武装工农群众，支持工农运动。

邓小平非常重视右江地区农民运动领袖、共产党员韦拔群等人的作用，通过他们团结教育各族贫苦农民。同时，每个连队组织七八个人的宣传队，深入山村、街道，开展宣传发动工作，还派军事教官帮助各县训练农军。

在部队的帮助下，各地的工农运动蓬勃发展，为武装起义进一步打下坚实的群众基础。

随着右江群众革命运动日益高涨，平时作威作福、鱼肉人民的豪绅地主和资本家，开始坐卧不安了。

他们把第四大队视为眼中钉、肉中刺，一方面明来暗往地纠集反动民团，占驻据点，妄图负隅顽抗；另一方面，与尾随第四大队进驻右江地区的反动第三大队互相勾结，妄想搞掉第四大队，镇压右江革命。

原来，警备第三大队是由广西、云南边界的土匪收编而成，表面上与第四大队称兄道弟，而实际上貌合神离。该大队长熊镐极其反动，性好投机。俞作柏、李明瑞反蒋失败后，他立即听命于卷土重来的桂系军阀，他受其主子的密令，紧紧地跟踪着第四大队。

来者不善。邓小平看穿了熊镐的险恶意图，决定斩除这只“狗熊”。

恰在这时，奉议农军截获到一份军阀拍给熊镐的密电，指令熊镐要“先发制人”，对第四大队进行突然袭击。

在这紧急时刻，邓小平、张云逸等同志决定，将计就计，歼灭第三大队。动手前，他们要求部队官兵，表面上仍按“友军”的惯例，照常与第三大队来往，以便麻痹敌人，并及时了解他们的动向。

10 月 28 日，张云逸设下“鸿门宴”，以商谈防务之名，擒捕了熊镐。

同一天，按照原定计划，第四大队一营和恩隆、思林、奉议等县农民自卫军共千余人，分别解除驻平马、那坡的第三大队武装，俘敌千余人，缴枪千余支，为百色起义扫除了障碍。

12 月 11 日，火样的朝阳刚从东山露出脸，整个百色山城便沸腾起来。

一队队工人、农民、士兵、学生和城市居民，打起锣鼓，挥动着红旗，向东门坡广场走去。大街小巷贴满革命标语和红七军的安民布告，家家户户悬挂着五彩缤纷的纸旗。

东门坡广场，军民同庆百色起义和成立红七军大会。

会场上，红旗漫卷，号鼓喧天，鞭炮齐鸣，盛况空前。

当宣布“百色起义胜利举行，中国工农红军第七军正式诞生”时，全场爆发出山呼海啸般的欢呼声和口号声。

策反李明瑞，他引领着红色风暴席卷左右江

百色起义前夕，邓小平为准备龙州起义事宜，前往左江。路上，他与李明瑞不期而遇。

原来，俞作柏、李明瑞 10 月反蒋失败以后，俞作柏出走香港，李明瑞则率部滞留龙州，抱着东山再起的幻想。

对于李明瑞，国民党蒋介石也一直抱有幻想。他们想以李明瑞，牵制李宗仁和白崇禧。所以，李明瑞战败后，蒋介石几次派他的心腹带着广西省政府主席、第十五军军长黄绍竑的委任状和巨款，到龙州找李明瑞及其亲属进行拉

拢、引诱，但都遭到了拒绝。

为了进一步争取李明瑞参加革命。邓小平暂时放弃前往左江的计划，邀李明瑞一起返回百色。

李明瑞反蒋失败之后，异常懊悔。每每想到反蒋之前，“邓斌”对自己的真诚劝阻，就会自叹不如。此刻，面对这位深谋远虑、智勇双全的小个子，他是又敬又畏啊！

在百色的粤东会馆，邓小平与李明瑞进行了彻夜长谈。这一夜，邓小平极尽毕生之谈话技巧、说服艺术，与李明瑞摆事实、讲道理，深入浅出、推心置腹。

李明瑞非常后悔地说：

“邓斌兄，反蒋一事，实在是汗颜啊！真后悔当初一意孤行，未听从邓兄的劝说，只落得损兵折将、前功尽弃。真是自取其辱呀！”

邓小平见他垂头丧气，便安慰道：“明瑞兄，言重了！古人云‘胜败乃兵家常事’，何辱之有？”

红八军纪念碑和邓小平的题词

李明瑞道：“本来想联合汪精卫，一举击垮老蒋，以除后患。没想到，反遭他‘釜底抽薪’，不是自取其辱又是什么？”

“明瑞兄啊！蒋介石老谋深算、阴险狡诈，他算计你可不是一天两天了。明瑞兄，你虽有些兵马，却立足未稳、军心动摇。靠你的这支队伍单枪匹马来打蒋介石，无异于以卵击石、自取灭亡。他蒋介石，是人民的公敌，是我们共同的敌人，不只是你明瑞兄想干掉他啊！”

“可你们共产党，总是带着部队在农村搞什么土改，躲在那些穷乡僻壤的地方，那能折腾出什么来?”

“明瑞兄问得好啊！是啊，我们是从城市退了出来，躲在了这穷乡僻壤的地方，但这并不代表我们怕了。我们暂时的撤退、暂时的躲避，恰恰是为了下一次的进攻啊！正因为是穷乡僻壤，农村才成了国民党和各路军阀不屑一顾的地方，也才成了我们共产党生长发育的温床；正因为我们搞土改，老百姓才相信了党，我们的革命队伍才得以发展、壮大。中国有四万万人口，绝大部分都生活在农村，如果我们有了全中国这绝大多数农村人民的支持，还怕不能战胜敌人吗？我党的实践已经证明，这条路线是完全行得通的。我党的领导人之一，毛泽东同志，已经在井冈山一带胜利举行了武装起义，并建立了强大的农村革命根据地。他们在那里，已经与蒋介石的部队有过几次交火，蒋介石拿他们一点办法没有呢!”

“真的吗？这一招，这么灵吗？这——”邓小平的一席话使垂头丧气的李明瑞，为之一振。虽然，表面看来有些怀疑，但他的内心清楚，他已没有太多理由怀疑这位真诚的、睿智的共产党干部。

敏锐的邓小平觉察到了李明瑞眼中的迟疑，知道李明瑞有些动摇了。

于是，他直截了当地说：“此次，我请兄台过来，就是想请你加入我们的队伍，跟我们共产党一起干!”

“这——”李明瑞又是一惊。

“明瑞兄，目前，广西的革命队伍日益壮大，我党是急需兄台这样的将帅之才啊！当然，明瑞兄过去为我党所做的一切，我们是记在心里的，即使你不同意我的建议，我们也仍然是朋友。不过有一件事，我还是要告诉你，我党已决定近日发动百色、龙州武装起义，建立左右江革命根据地，并创建中国工农红军第七军、第八军，我已经向中央请示过了，如果你同意参加革命，就请你出任红七军、红八军总指挥。不知，明瑞兄——?”

邓小平的真诚和坦率，再一次打动了李明瑞。从他的内心深处，他是完全相信邓小平的。但一时间要他做这样一个生死攸关的决定，使他思绪难平。

他犹豫了片刻，还是对邓小平说：“邓斌兄，我非常感激你对我的信任、抬爱，这件事情，能容我多考虑考虑吗?”

“当然可以！不过，明瑞兄！你知道，离起义的时间已经不多了，我们还有很多的准备工作要做，请你明天给我一个答复如何?”邓小平知道这种事情急不得，但时间紧迫，他还是给李明瑞提出了要求。

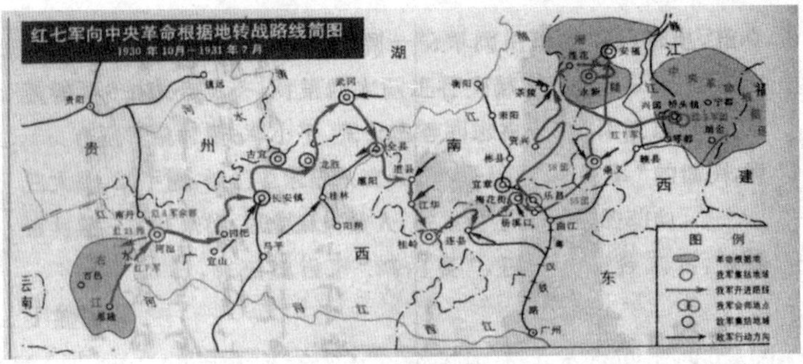

红七军向中央革命根据地转战路线简图

“一定!”李明瑞点头答应了。

“好，我等你的好消息！我这里有一本书，你可以拿回去看一看。我相信，它会让你更多地了解我们共产党。”说着，邓小平递给了他一本《共产党宣言》。

为了趁热打铁、锁定胜局，邓小平当晚，又请李明瑞的表弟俞作豫去做他的工作，再次向李表达了诚意。

李明瑞终于同意参加革命，随即便返回龙州准备起义。

1930 年 2 月 1 日，邓小平、李明瑞、俞作豫等领导的广西警备第五大队和左江工农武装力量，在龙州胜利举行起义。中国工农红军第八军宣布正式成立。

一时间，红色风暴席卷了左右江地区的山山水水，二十多个县、一百多万人口，汇成了全国瞩目的革命根据地之一。

百色起义、龙州起义的胜利，红七军、红八军的成功创建，大大打击了反动势力的嚣张气焰，在一片白色恐怖中，给了革命者们极大的鼓舞。

百色起义、龙州起义，后来被党中央誉为“全国范围内最有组织最有意识的一次兵变”。

转战七千里，胜利赴苏区

年轻的邓小平为百色起义、龙州起义的成功举行，付出了艰苦卓绝的努力。

起义成功了，他亲手创建了红七军、红八军和左右江革命根据地。

此时的他，本该是感到最最成功和喜悦的。然而，突如其来的工作困境与来自家庭的灾难，却剥夺了他快乐的权利。

1930 年 1 月，邓小平在安排好龙州起义的有关事宜之后，奉命回到上海，向中央汇报工作。

然而，这时的中共中央领导层中，已经出现了“左”倾冒险主义的倾向。

回到上海后，邓小平向中央和军委汇报了广西的工作。

邓小平汇报完以后，中央对此进行了讨论。在讨论中，发言人对广西的工作提了很多意见和建议，其中一些意见带有浓厚的“左”倾味道，例如认为广西红军应向柳州、桂林发展，即攻打大城市等等。特别是几位发言人都提到对李明瑞绝对不要存“丝毫的幻想”并要加紧与之斗争，否则将为其出卖。表现了对李明瑞极大的不信任和排斥。

众人发言后，邓小平根据讨论者的意见做了补充说明，就一些人带有“左”倾味道的意见和误解提出了异议。

在李明瑞的问题上，他说：“对李明瑞，我们当然不好怎样还存幻想，但是现在，在左江我们主观的力量还不够赶走他，而以为暂时利用他的线索去发动其下层群众工作也不是不可以的。当然，主要的要发动下层群众工作是对的，但是我们不能把建立工作的上层线索忽视掉！”

接着，邓小平还提出吸收李明瑞为中共党员的要求，经讨论被中央批准。

会后不久，中央给红七军委发去指示。

指示说：目前的形势是，帝国主义进攻苏联的危机更加深刻，全国军阀战争的局面更显混乱，加速了统治阶级的危机，红七军是在全国客观条件下产生出来的，是在广西群众斗争的影响之下产生出来的，他虽出现在偏僻的广西，但并不能减低他伟大的作用与意义。

指示总结了红七军前一阶段的工作中的优缺点，指明今后工作的主要路线是：深入进行土地革命，扩大游击战争，彻底摧毁封建势力，建立在广大群众信任之上的苏维埃政权，红七军发展的前途，“是向湘粤边、广东的中心推进，与朱毛红军以及北江地方暴动取得联络，以争取广东一省或数省先胜利的前途。”

指示批准红七军前委名单，指定邓小平、陈豪人、张云逸、李谦、韦拔群、雷经天、何世昌七人组成前委，邓小平为书记。张云逸为第七军军长，邓小平为政委。

正是党中央的这份指示，为红七军指出了今后的任务和方向，但也将年轻的红七、红八军推向了痛苦的边缘。

指示中的有些内容充满了“左”倾冒险主义的精神，特别是提出保卫苏联、攻打大城市、一省数省先胜利，以及一些“左”的政策措施。

而正是这些“左”的指示和精神，为红七、红八军定下了一条必须去走却极其艰难而又充满危险的道路。

虽然，后来邓小平对一些“左”的做法，多次提出异议，但并未被采纳。

就在此时，邓小平的妻子张锡瑗因难产得了产褥热。不久，妻儿双双去世，邓小平悲痛万分。

但前方，军情紧急，工作繁忙，邓小平没来得及掩埋亲人，便匆匆赶回广西。

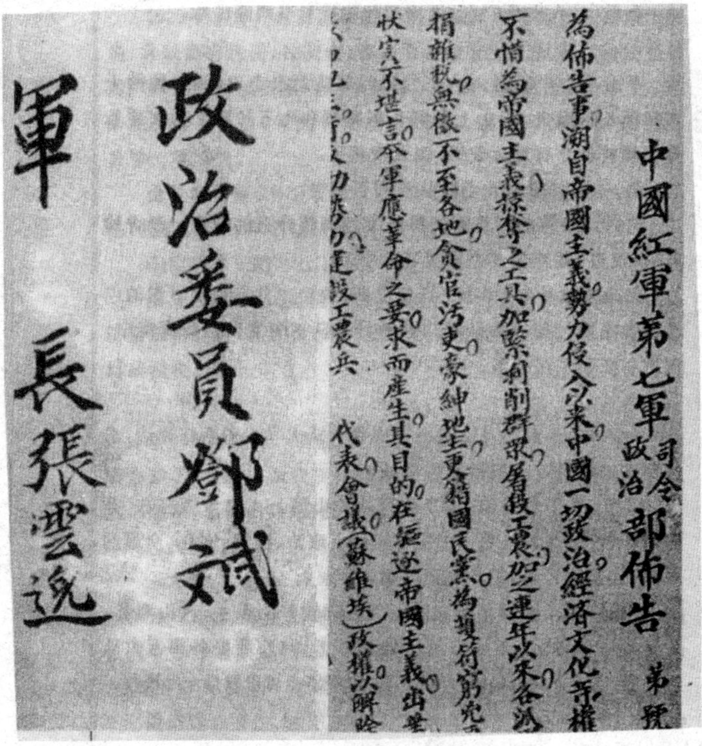
中國紅軍第七軍司令部政治部佈告
第　號
為佈告事溯自帝國主義勢力侵入以來中國一切政治經濟文化等權
不惜為帝國主義掠奪之工具加緊剝削群眾
捐雜稅無微不至各地貪官污吏豪紳地主更藉國民黨為護符
狀實不堪言本軍應革命之要求而產生其目的在推翻帝國主義
代表會議（蘇維埃）政權以解除
政治委員鄧斌
軍長張雲逸

中国红军第七军布告

这年10月，中央派代表邓拔奇来到红七军，贯彻执行中央的“立三路线”，并指令红七军攻打柳州、桂林、广州等大城市。

邓小平对这种做法多次提出不同意见，但未获采纳。

在“左”倾冒险主义的错误指挥下，红七军在作战中连连受挫，损失惨重。

仅仅过了两个月的时间，红七军就由原来的七千多人，锐减到了三四千人，部队中士兵的失败情绪非常严重。已是入冬时节了，可部队的衣食却严重短缺。

在这种困境下，红七军的领导干部召开了一个会议，决定放弃“立三”冒险主义，改变攻打柳州、桂林的计划。

会后，邓拔奇要求回上海党中央汇报工作，离开了红七军。

这样，邓小平、李明瑞、张云逸又重新获得了红七军的指挥权。

作为红七军的创始人，三人深切地感受到了官兵的疲倦和沮丧。于是，下令就地休养三天，并筹来了一些军饷，为全体官兵发了点零用钱。

这期间，他们又得知桂系军队正在向我军驻地进发，于是，决定向东南越过桂湘边界，往湘西南边界道州地区开进。

经过与敌军的一些小的接触后，红七军占领了道州。

在道州，刚驻扎两日，邓小平本想为部队筹一些过冬的衣物再上路，却在这时又得知湖南的湘军已派兵从三个方面向道州袭来。

因此，他又不得不率红七军南下湖南边界的江华。

隆冬季节，大雪纷飞，北风呼啸，天气奇寒。红七军九十里雪地行军，饥寒交迫。士兵缺衣少饷，有的身上还穿着单衣、草鞋，甚至只穿平膝的短裤，冻饿交加，凄苦不堪。一天之中，竟有多名红军战士被严寒夺走了生命。

好不容易，到达江华后，却发现此地环境比道州还要恶劣，而且一点党的群众基础都没有。

红七军只能在饥寒交迫中，拖着疲惫的身躯，继续前进。

他们准备先向广东连州前进，再翻越湘、桂、粤三省交界的老苗山。

但这一路上，却不断地受到地方地主武装的攻击。红七军官兵凭借顽强的意志，多次战胜敌人。

1931 年元月中旬，才终于到达广西边界的桂岭山区。

在桂岭，红七军休整了四天。

此时的红七军，兵力已不足四千。

邓小平和李明瑞、张云逸商量后，决定将部队进行整编，将原来两个师的建制改编为两个团，为提高部队士气，以主要官长兼任团长。

这样改组以后，组织较以前严密了，部队的战斗力也得到了一些恢复，而且吃穿问题都得到了一些解决，官兵的情绪也有所好转。

此时，正值广东粤军和云南滇军大举向广西桂系李宗仁、白崇禧进攻，在桂粤边界上气氛已很紧张。而且，桂岭一带地主豪绅势力强大，地方反动武装力量对老百姓实施集中管理，不许随便出入。

经过慎重考虑，邓小平等觉得：一方面，桂岭随时可能受到地方反动武装和军阀的攻击；另一方面，此时在桂岭开展群众工作困难重重。因此，此地不宜久留。

稍事休息后，红七军又离开桂岭，向广东方面的连州地区进发。

不久，顺利到达连州城外。

红七军的到来，引起连州敌人的恐慌，他们放火烧城，企图阻挡红七军。

邓小平等闻讯，立即率军入城救火，使得连州城没有全部毁于烈焰。

红七军救火的英勇行动，大大地感动和教育了连州市民。市民和商人们主动为红七军筹款、筹粮，慰劳红七军，还接纳了百名红军伤员。

但是，红七军的总部署还是想北进到湘南地区，在那里站稳脚跟，建立苏维埃和开展土地革命，并补充红军。

因此，红七军再度掉头北上。

1月底，红七军途经广东星子，到达广东乳源县梅花村一带。

其时，正是隆冬未过，腊梅正开的季节。

梅花村是湘粤边界的大村，离红七军的目的地宜章已经很近。三年前，朱德、陈毅领导宜章起义，梅花村曾住过红军伤员，群众基础较好，因此，七军前委便决定在这里着手发动群众，为创建苏维埃做好准备。

经过数日的工作，发动群众工作取得了相当好的成绩，并同时武装了几十个农民，发了六十支枪。

在梅花，部队刚住下，中共湖南省乐昌县委派宣传部长谷子元前来和红七军联系。谷子元带来了党的六届三中全会紧急通告等文件。

看到这些文件，邓小平和红七军才知道，原来，早在去年的9月，也就是他们在河池之时，党中央便已批判了“左”倾冒险主义，结束了立三路线！

邓小平痛心疾首！

1930年9月到1931年1月，这个时间上的差距，竟使红七军辗转作战数千里，不但丢失了革命根据地，而且兵力减少三分之二！

这么大的责任，这么大的损失，这么大的差误，回想起来，怎么能不令人深感痛心！

邓小平心里清楚，逝者已逝，无可挽回，也没有时间去挽回。当前，最主要的是要保存仅有的这点实力，以盼重新积聚力量，使红七军东山再起！

然而，天不遂人愿，没几天时间，灾难便再次降临。

2月3日，他们得报，粤军邓辉一团从星子方向追来。

红七军前委认为，只有一个团的敌军，正是一个歼灭敌人的大好机会。于是，决定与敌人进行战斗。

仗一打响，我军才发现，敌人的兵力绝非一个团，而是三团之众，其中两个团是由乐昌方向过来的。

经过五个小时的恶战，红七军歼敌一千多人，但本身损失巨大，伤员不下二百，二十师师长李谦、五十五团团长章健等英勇牺牲，七军参谋长龚楚、五十九团团长袁振武、五十八团营长李显等负伤。

全军干部损伤过半，部队人数只剩两千多人。

错误的情报导致了错误的决定，红七军再次遭到了沉重的打击。

战斗结束后，红七军被迫退入山区。

经梅花一战，红七军损失严重，兵力疲惫，部队几乎陷入了绝境。

鉴于这种情形，红七军终于决定，放弃在粤北湘南一带建立根据地的计划，向江西前进，到中央苏区与中央红军会合。

在安排好了二百多名伤员后，红七军在邓小平、李明瑞、张云逸的带领下，向西开拔。

2月5日，红七军强渡武水。

邓小平和李明瑞率五十五团先过河，不想此时敌人由乐昌、韶州两处用汽车运来两个团，阻止红军过河，张云逸率领的五十八团仅过了一个连，便为敌人炮火截断而不能渡河。

至此，红七军被割断为两部，五十五团由邓小平、李明瑞率领向江西进发；五十八团则由张云逸率领继续在湘粤边界迂回，最终渡过武水，向江西方向前进。在此期间，红七军的两部失去联系，全无音信，直到4月中旬，两部方才在江西永新会师。

红七军第五十五团，在邓小平政委、李明瑞总指挥的带领下，突破了企图阻止红军过河、并将红七军全歼于此的敌人的围击，一千多人的队伍经过广东北部仁化地区，向北直入江西。

2月8日左右，他们终于到达内良，在这里，他们欣喜地遇到了中央湘赣边特委领导的崇南游击队。

江西，毕竟是我党第一个革命根据地的发祥之地。这里，有党的组织，有坚实的群众基础，有地方游击武装，有中央正规红军，比起广西来，真是另外一番天地。

所以，红七军一进江西，便遇到了自己人。自己人，哪怕只是一支小小的地方游击队，也足以令人倍感亲切！

红七军在游击队的安排下，安置了伤员，还听取了情况介绍。

他们得知，这一带尚属游击区，群众基础还比较薄弱，六十里外的崇义县城还是敌占区，但敌人兵力较弱。

于是，红七军决定，趁机拿下崇义！

红七军以较强的战斗力和兵力上的压倒优势，很快占领了崇义县城。

崇义，在江西西南部，此地地处湘鄂赣三省边界地区，离井冈山约一百公里，已是我红军湘赣根据地的外围地带。

2 月 14 日到达崇义后，即得知离城二十五里处有我红军三十五军的一个独立营，有苏维埃政府。

三日后，红七军与他们取得了联系，并会见了中共赣南行委的同志。

根据当时、当地的情况，红七军决定在崇义开展工作，以崇义为中心创建一个巩固的苏维埃政权，进行深入的土地革命，同时加紧创建党的工作及整顿发展红军，在粤赣大道上，实现扰敌后方的任务。

在崇义二十几日后，红七军迅速创建了几个区苏维埃政权，在全县形成了一片红色区域，与此同时，开始提出分配土地的问题，工作开展比较顺利，部队也有了短暂的休息，战斗力已大大恢复。

在此期间，恰逢 1931 年的旧历新年。

崇义家家户户辞旧迎新，过了一个平平安安的新年。红七军全体指战员，也在经历了千难万险之后，与民共乐，享受了一个欢乐的节日。

在崇义时，邓小平从赣南行委的同志那里得知，中央召开了六届四中全会，王明占据了中央的领导地位。

这一消息，使邓小平忐忑不安。

因为，对于王明此人，他向无好感。

他想到，自从 1930 年从中央回广西后，一直没有和中央取得联系。现在，红七军终于到达江西，周围敌情并不严重，而且当地行委有可靠的交通线可达上海中央。因此，邓小平考虑赴上海向党中央汇报工作。

他和李明瑞、许卓召开了前委会，会上一致同意邓小平去上海汇报和请示工作。

行前，邓小平指定，他走了以后由许卓代理前委书记，并一再叮咛，红七军不能独立行动，必须在有群众基础的地区，与群众会合起来，才能站稳脚跟完成任务，在必要时，可向井冈山革命根据地方向靠拢。

交代完工作后，邓小平告别了李明瑞，告别了这个与他共创红七军，共同开创左右江革命根据地的战友。告别了与他风雨同舟、同甘共苦，一起从枪林弹雨中走过来的红七军的全体战士。准备前往上海。

临行前，邓小平没有忘记，先到离崇义三四十里的一个镇子去，看望了留在那里的百余名伤员。在那里，他和行委的同志最后讨论、布置了建立根据地的工作。

离开崇义，邓小平乔装改扮，由行委一个交通员带着，秘密从广州到香港，并再由香港坐船到了上海。

他当时绝对没有想到，这一别，他竟没能再如愿回到红七军，与战友们并肩作战。

他个人的革命生涯，也随后进入了一段困难时期。

1931 年 6、7 月间，红七军在江西兴国县，与中央红军胜利会师。

从此，红七军结束了长达十个月的“千里转战”，在邓小平等人的领导下，英勇地粉碎了敌人的围追堵截，战胜了难以想象的艰难困苦，最终实现了“会合朱毛”的殷切期望。

从此，红七军成为了中央红军的一部分，开始在毛主席、朱总司令的直接领导下，转战南北。

从领导百色、龙州起义建立左右江革命根据地，到率领红七军迂回转战七千里到达江西，邓小平作为一名二十五岁的青年，独立领导了这样一场规模盛大的军事行动，这在中国革命史上是极为罕见的。

这期间，邓小平历尽艰难险阻，有过失败，有过教训，有过困惑，更有过悔恨。

但最终，他带领着红七军的勇士们取得了最后胜利。

虽然，他和同志们为此付出了惨痛代价，但他们却给了反革命势力以严重警示——共产党是杀不绝的，革命的队伍是打不倒的！

这段工作，也给了邓小平许多。

他直接深入群众，直接领导部队战斗，在成功与失败中，他得到了更多的锤炼，更总结出了丰富的革命斗争实践经验，也使他日益走向成熟。

第六章　苏区蒙难

从一军之长到县委书记，他还真是能上能下

1931 年 2 月，邓小平回到上海。

他通过交通，请求向中共中央负责人汇报工作。

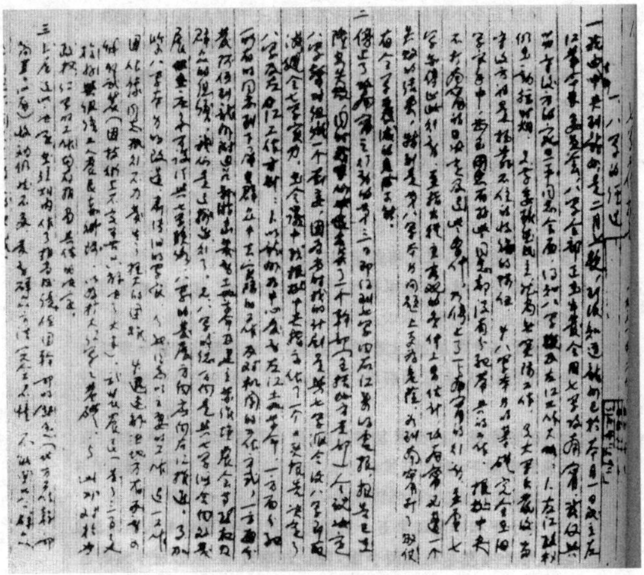

当时的红七军工作报告原文

在等待向中央汇报的同时，他写了一份两万字的《七军工作报告》。在这个报告中，邓小平详尽地叙述了红七军、红八军的创建和战斗历程，以及红七军在千里转战及驻守崇义期间开展的地方党的工作与土地革命的情况，实事求是地总结了自己在广西工作的经验和教训。

然而，邓小平却陷入了漫长的等待之中。

回到上海已经半年时间了，中共中央、中央军委没有听他一次汇报，没有见他一面。邓小平同中共中央的联系，只是交通隔些时候看他一下，给他带来一些生活用品和费用，如此而已。

在王明“左”倾机会主义统治下的中共中央，一方面对前来汇报工作的邓小平不予理睬，另一方面于5月14日发出一封《中共中央给七军前委信》，以极其严厉的口吻，把红七军的工作说得一无是处。

信中指责红七军前委失败的主要原因是阶级路线缺乏，认为红七军的路线“很明显的是立三主义的盲动冒险路线，但同时又充分地表现出这条路线下所掩盖的右倾机会主义与富农路线”。

信中还说，红七军转战数千里，但从没有做过发动广大群众起来做没收土地与改良他们生活的斗争，对商人、地主都表示出特别的谦让，而且内部充满了失败逃跑的情绪。并说，“我们认为，立三主义‘左’的言词之下，右倾机会主义的本质与富农路线，没有像七军前委的领导表示得明显的了！”

邓小平在上海，虽然没有见到这封信，但从中央对他冷淡的态度中，他也猜到此时的中共中央已经与以前大不相同了。

后通过朋友了解才证实，王明中央已经“左”得有多么厉害，成了一个比李立三的中央更加“左”的中央。

失望之余，令邓小平最不能忍受的，就是无事可做的凄凉。

闲居半年之后，邓小平通过交通向中共中央要求回红七军工作，中共中央答复，没有交通联络，未被批准。于是，邓小平又要求前往中央苏区工作，几经周折，才获批准。

这年7月，邓小平从上海乘船，经广东、福建赴江西，与他同行的是一位名叫金维映的女同志，人们都叫她阿金。

金维映，1904年生于浙江岱山。1919年曾在县立女子学校参加声援“五四”运动的宣传，毕业后任女校教员。1926年组织女校师生响应“五卅”运动。同年，加入中国共产党，并从事工运工作。1927年被选为舟山总工会执行委员，四一二反革命政变后被捕，经营救释放后到上海中华全国总工会工作，从事秘密的工人运动。1929年任中共江苏省妇女运动委员会书记。1930年任上海丝织业工会中共党团书记和上海工会联合行动委员会领导人。

邓小平和金维映，1931年在上海认识，他们同被派往江西中央苏区工作。到江西不久，两人即结为夫妻。

8月，邓小平和金维映到达中央革命根据地的中心——瑞金。

瑞金，新民主主义革命时期中国第一个“红都”，中华苏维埃共和国中央临时政府的诞生地（1931 年 11 月）和所在地（1931 年至 1934 年）。

但当邓小平于 1931 年 8 月到达那里时，那里却是杀气腾腾。

原来，这里的时任县委书记李添富和县苏维埃主席谢在权正极力推崇着王明的“左”倾路线。他们对怀疑、不满“左”倾路线的同志进行了残酷的迫害；他们还猜测，瑞金有“社会民主党”组织，对许多进步人士、革命志士进行了大批捕杀。

中央革命根据地——江西瑞金

原县委书记邓希平、县苏维埃主席肖连彬、县总工会委员长杨舒翘等大批干部群众被杀，还有大批干部群众被关押，另有大批干部群众逃离出境。

“县苏、县工会百分之八十干部被杀，单位解体”，“城市、桃阳两区干部被杀”，“全县被杀者在二三千人以上”。

整个瑞金县，干部人心惶惶，群众怨声载道。

不久，中共赣东特委书记谢唯俊同刚从中央抵达瑞金的余泽鸿等人，推举邓小平任瑞金县委书记。

虽然，邓小平的干部级别一下子从一军之长降为了县委书记，但邓小平的心里并没有什么不平衡。因为，毕竟现在有事可做了。他非常珍惜这份工作。一种革命者的强烈的责任感，驱使着他迅速投入到瑞金的革命工作之中。

面对这种局面，邓小平到任后，便立即开始着手对李添富等人的罪行展开调查。

通过一个多月细致深入的调查研究，邓小平基本掌握了李添富等人的犯罪事实和证据，并果断下令逮捕了他们。

9 月底，邓小平组织召开了瑞金第三次工农兵代表大会，公开审理并枪决了李添富等人。并在县城和主要受害乡村召开群众大会，为蒙受冤屈的死难者、关押者及其他受迫害者，雪了冤、平了反。

一个多月下来，“全县局面大为改观”。

局势稳定之后，邓小平开始大抓培训干部、健全组织、制度建设和组织生产的工作。

由于瑞金的干部队伍受到李添富等人的严重破坏，邓小平感到瑞金干部人才急缺。当务之急，他决定举办一期干部培训班。

于是，他命县委秘书准备好了教材，行政科安排好了培训班上课和食、宿的地点，并差人用大红纸写了几十张招生告示张贴了出去。

然而，两天过去了，来报名的人却寥寥无几。

一经了解才知道，瑞金的老百姓被运动吓怕了。虽然，邓书记为一些蒙冤人士平了反，但群众已然对党产生了误解和怀疑。

敏锐的邓小平立刻感觉到，这是一个非常严重的问题。如果不尽快解决，势必会影响我党的威信。他迅速召开了县委、县苏维埃政府扩大会议，动员机关所有同志，深入各区、乡去做群众的思想工作，解开群众的思想疙瘩。

第二天，邓小平亲自来到一个进步青年杨荣香的家里。

邓小平对小荣香说：

“荣香，你准备一下参加干部培训班如何？”

“我不去！邓书记。”小荣香沉思片刻后回答说。

“为啥子不去？”小荣香低下了头不吭声。

邓小平耐心地说：

“小杨，我们承认我们党过去在这方面有过缺点错误，而且也不能保证以后不犯这样的错误，但是你应该看到，这只是革命过程中的一个小插曲，并不代表我们党的主流。再说，这些问题还是我们共产党自己发现，自己纠正的。小杨同志，你总不能因为我们党犯过错误，就不革命，不跟共产党走了吧！要相信革命，相信党。你看，过去县里整人的那些人不都受到了党纪处分，受到了革命法庭的法律制裁吗？一个人能够在最困难的时候坚持住，在困难面前有迎难而上的勇气，这才是真正的革命者。”

邓小平这一席语重心长的话语，对杨荣香的触动很大，小荣香解除了思想顾虑。认识到自己不愿参加培训班是自己有私心，没有把革命事业放在第一位。

所以，他很愉快地接受了邓小平的批评，报了名。

在县委、县政府全体同志的共同努力下，很快干部培训班就开班了。

这一期学员共50多人，后来都成了瑞金的革命骨干。

邓小平的另一个重点工作是对土地分配进行检查和重新分配。

他纠正了李添富等人“地主不分田，富农分坏田”的“左”的做法及其他分配不公的现象，按人口重新划分了土地，并划出部分公田，用于红军供给、优抚军烈属和救济灾荒之用。

在当时，这相当于第二次革命。一些忠厚老实的农民，在自己重新分配到的土地上手捧沃泥，热泪盈眶地说：“这回我们可是真正翻身了！”

此外，邓小平还大力组织兴修水利，兴办工业和手工业，建立合作社、互助队、突击队，开展劳动竞赛、增产节约、支援前线等活动，以达到保证中央机关需要、保障红军供给和人民群众有饭吃的三大目标，整个瑞金出现了一派生机勃勃的局面。

不久，毛泽东、朱德率苏区中央局和红军总部机关来到瑞金。

11月份，这里成立了中国第一个红色中央政府。

瑞金成了中国的第一个“红都”。

此时，已开始变得有些沉默寡言的邓小平，又像在法国和上海时那样活泼开朗、风趣了起来。

“风景这边独好”的会昌县，第一任县委书记

1932年5月，邓小平调离瑞金，到会昌担任县委书记。

当时，会昌、寻乌、安远都是刚刚实现部分解放的新区，更是中央苏区的边区。其中，会昌县城仅距瑞金五十公里。

因此，在这里任书记，军事工作是中心工作。

鉴于此，中心县委没有设在会昌县城，而是设在一个叫筠门岭的军事要地。与寻乌县城、安远县城大体组成一个等边三角形，是广东、福建从东南方向进入瑞金的必经之地，是“红都”的南大门。

上任伊始，邓小平就提出在会昌县设一个军事部，并选一个合格的军事部长。但邓小平却发现，在这样的军事重镇，军事人才却极为缺乏。

经人介绍，邓小平同意让当时正在红独立三师医院治疗养伤的红十一军独立团团长钟亚庆出任，并立即同军队联系，由军队政治部发出调令。钟亚庆本人和军队方面开始时还比较犹豫，邓小平亲自打电话给红独立三师政治部主任罗贵波，批评他有本位主义思想，叫他催促钟快去上任。随后，县委方面又多次去电话催促，使本来想继续在正规部队工作的钟亚庆只好前去报到。

临时中央政府大礼堂

对当时的情景，钟亚庆在五十余年后有这样一个回忆，梗概如下：

钟亚庆背着背包来到会昌县杉塘区苏维埃住地，正好遇上邓小平。邓小平一见，就问道：

“你这个同志，从哪里来到哪里去？姓什么？”声音很大，不知是当时的习惯，还是因见到部队同志的喜悦。

“从澄江来，叫钟亚庆，到会昌去。”

“你叫钟亚庆，好啦！我是邓小平。走！”

两人走进办公室，邓小平说：

“你好调皮，老罗（县委组织部长罗屏汉）打了好多电话给你，你还不来。我又打电话批评罗主任，你现在才来。你看看！”他手指着墙壁上挂着的文件说：“你任会昌县军事部长，文件都发了。你敢不来！”并要他不要走了，就在这里等他，和他一起走。

约半个小时后，邓小平在杉塘区办完事，又把钟带往罗塘区。当晚在那里召集区委、区苏维埃的领导开会，布置了扩大红军等工作。

第二天，罗塘赶集，早餐桌上有了些当时难得一见的猪肉。邓对区委书记说：

“猪肉，好是好，就是少了一项。”

“什么?”

邓直率地说：“辣子!”

区委书记立即出去，很快就找了一把新鲜辣椒来。邓拿起一个生辣椒，咬了一口，说：“不太辣，也还可以。”

说得大家笑了起来，高高兴兴地吃了一顿饭。吃完，邓钟两人就一前一后地步行回县委了。

邓小平的豪爽、干练、风趣给钟亚庆留下了深刻的印象。

1932年7、8月，会昌中心县组成第三作战分区。

邓小平兼任政委，钟亚庆任指挥员，罗屏汉兼政治部主任，又从军区调来参谋长吕赤水、副参谋长游端轩，还有一名参谋，他们都是来自红军正规部队。此外，还从医院出院伤员中抽调了一部分来地方武装任骨干。

11月份，第三分区已有赤卫军4970人，模范师2529人，各县各有一个二三百人的独立团，各区还有自己的游击队。

邓小平领导这些武装，攻打了中心县内的匪巢和白色据点，消灭了细八哥、郭发贵、大头五等反动靖匪大部，肃清了三县内的靖卫团、土围子，还几次击退前来侵犯的小股国民党军队。其中较大的一次是1932年9月，在福建东留击退国民党军钟少奎部几百人。

这样，会、寻、安边区军事趋于稳定和巩固。

武装力量的强大，为会昌带来了新的问题，那就是生产与军事、经济与军事的矛盾。

1933年春耕时节，一些战士私自回家种田。

对这种现象，一些地方政府的领导很气愤，大骂这些战士是“没有骨气的家伙”，还要用绳子将他们捆起来教训教训。

邓小平得知，心平气和地说：

“捆不得！他们擅自回家不对，但也说明我们的工作没做好。他们家里有困难，我们不解决，怎么能使战士们安心打仗呢?”

于是，邓小平立即走访了当地几名回家的战士，发现有的战士是家人病了，有的战士是家中没有劳动力。针对这些现象，邓小平在县、区、乡成立春耕生产委员会，村组织生产突击队、妇女劳动委员会，组织男女老少积极投入大生产。

对于经济上的困难，邓小平采取了多种措施。

工业上，组织了军工、硝盐、制药、织布、农具、烟、纸、樟脑、糖、石灰等多种生产。

商业上，于1933年初成立了“对外贸易局”，打破国民党对苏区的经济封锁，代表中央苏区通过各种渠道同国民党统治区进行盐、布、药材、烟、纸、粮、油、茶等商品的交易。

重视学校教育，也是邓小平的一个工作重点。

这段时间，在他的敦促下，三县共办了七十三所小学，儿童入学率高达百分之九十。

邓小平的各项工作，都有声有色地开展起来了。人民群众对这位年轻的县委书记大加赞扬。

会、寻、安三县，这个新的解放区很快就面貌大变，成为一个“风景这边独好”的地方。

青年毛泽东

1934年夏，毛泽东前来会昌视察，兴致勃勃地写下了一首词：

清平乐·会昌

东方欲晓，
莫道君行早，

踏遍青山人未老，
风景这边独好。
会昌城外高峰，
颠连直接东溟。
战士指看南粤，
更加郁郁葱葱。

首次蒙难，他忍辱负重、不屈不挠

1932年冬，就在邓小平调任会昌中心县委书记期间，推行“左”倾冒险主义的中共临时中央从上海迁入中央革命根据地。

江西会昌。当年邓小平曾在这里担任过中心县委书记

当时，邓小平和任永丰、吉安、泰和三县中心县委书记的毛泽覃，任宜黄、乐安、崇仁三县中心县委书记的谢唯俊，任红军第十一军军长的古柏等几位同志一直坚持从实际出发，拥护毛泽东的正确主张。

他们反对“城市中心论”，主张在山区和敌人力量薄弱的广大农村建立政权；反对军事冒险主义，主张诱敌深入；反对用削弱地方武装的办法来扩大主力红军，主张两种武装力量都要发展；反对“左”的土地分配政策，坚持“抽多补少，抽肥补瘦”的方针。

对此，“左”倾冒险主义者曾讥讽地说“山沟里没有马列主义”，其实矛头是指向毛泽东的。邓、毛、谢、古也一直反对这种说法，他们反驳说：“大城市中产生过立三‘左’倾盲动主义，我们苏区的山上，却全是马克思主义。”

这使得“左”倾冒险主义者对他们怀恨在心。

1932年11月，广东军阀陈济棠趁红一方面军主力在北线发动建（宁）黎（川）泰（宁）战役，南部苏区力量空虚之机，突然向会、寻、安三县大举进攻。

时任会、寻、安中心县委书记的邓小平，根据敌强我弱、敌我力量悬殊的情况，领导苏区群众坚壁清野，以灵活的游击战术阻击敌人的进攻。

然而，终因寡不敌众，寻乌失守。

这就是所谓的“寻乌事件”。

从此，邓小平便被“左”倾冒险主义者指责为，“在敌人面前惊慌失措，准备退却逃跑”，“执行了纯粹的防御路线”，是“可耻的”“右倾退却逃跑主义”，被扣上了“会、寻、安的罗明路线”等帽子。

1933年3月21日，会、寻、安三县党的积极分子会议在“左”的中央代表的直接控制下，通过了《会、寻、安三县党的积极分子会议决议》，声称：“以邓小平同志为首的中心县委”，“执行了纯粹的防御路线”，“这是在会寻安的罗明路线”，要“坚决打击以邓小平为首的机会主义的领导”，并决定，改组会、寻、安中心县委和三县县委。

会后，邓小平即被调离会昌，到江西省委任宣传部长。

然而，“左”倾冒险主义者并没有就此罢手。

4月16日，江西省委在苏区中央局的直接参与下，召开了为期五天的江西党组织三个月工作总结会议。拉开了反“江西罗明路线”斗争的序幕。

会议进一步将邓（小平）、毛（泽覃）、谢（唯俊）、古（柏）称作“罗明路线在江西的创造者”，是“反党的派别和小组织的领袖”；会议建议，集中“布尔什维克的斗争火力”，对邓小平等人进行“残酷斗争，无情打击”，并严厉要求将这一斗争“转变到实际工作中去”。

会后，邓小平又被撤销了刚就任不到一个月的江西省委宣传部部长职务，被解送到红军总政治部驻地一间小破屋里隔离审查，并责令他作出“申明”和“检查”。

但邓小平并没有动摇，他坚持认为，自己是坚决执行了毛泽东的正确路线，是符合马克思主义基本原则的，并决心在“检查”上阐述自己的意见。

他从百色、龙州起义，到左右江革命根据地的建立，从瑞金到会、寻、安直至“寻乌事件”，以一桩桩一件件事实，阐明毛泽东的各项主张的正确性，阐明马列主义与中国革命具体实践相结合的正确性。同时，他尖锐地提出，在当前形势下，务必认清楚什么是机会主义，什么是冒险主义，什么是马克思主义的进攻路线。要弄清楚这些问题，必须到实践中去寻找答案，而不是“纸上谈兵”。

“检查”送上去了。

瑞金沙洲坝红军总政治部旧址

可想而知，在“左”倾领导者看来，这哪里是什么“检查”，分明是一份“抗议书”啊！

气急败坏的“左”派分子，在中央局机关报《斗争》上发表文章，指责邓小平“依然站在机会主义的观点上”，“他在‘检查’的长篇文章中，没有一个字批评自己对纯粹防御路线所负的责任”。并再一次责令邓小平立即向党写出申明书，彻底坦白“机会主义路线和派别观念甚至派别行动的全部”。

除此之外，他们还从身体上折磨邓小平。给他的饮食质量逐渐下降，而且根本不让吃饱。邓小平的身体开始有些吃不消了。

就在这个时候，他的妻子金维映带着离婚协议书，来到隔离室。邓小平含泪签了字。

就是在这种情况下，邓小平仍未妥协。

无奈，中央又一次严令邓小平：必须向党交出一份“像样的”申明书。

邓小平气愤地陈述道："我所上交的两份检查，写的全是实话。回顾历史，认为自己所做的一切，是对党的事业负责任的，是对中国革命负责的……"

无计可施的"左"的中央，最终只能对邓小平等人做出了严肃处理，邓小平被撤销了省委宣传部长的职务，给予了党内"最后严重警告"处分。

被撤职后，邓小平又被派到乐安县的南村区当巡视员，实际上是劳动改造。

不过，在南村没待几天，临时中央又令邓小平返回宁都。据说，是因为乐安县南村是边区，怕邓小平在那里"出问题"。随即指定他在江西省委驻地——七里村附近的农村参加劳动。

不久，邓小平被下放农村的消息被王稼祥得知，他异常气愤。

因为他在莫斯科时就对邓小平非常了解，他知道邓小平精明强干、才华出众，是个难得的人才。

于是，他找到总政治部副主任贺昌、组织部长罗荣桓商议将邓小平调到政治部任秘书长，得到同意。但却遭到"左"派分子的极力阻挠。

后经王稼祥一再坚持，邓小平才得以"复出"。

这就是邓小平在其政治生涯中，经历的三次政治磨难中的第一次。

后来，毛泽东在"文化大革命"中，强调要把邓小平与刘少奇加以区别时，还提到过这件事，他说：邓小平在中央苏区是挨整的，即邓、毛、谢、古四个"罪人"之一，是所谓"毛派"的头子。

不足二十七岁的邓小平，毕竟是位身经百战、叱咤风云的人物，当过白色恐怖下的中共中央秘书长，创建过"被红色风暴席卷"的左右江革命根据地，率领过转战七千里的千军万马。此时的他，已经是经历过无数次血与火的锤炼的坚强的"钢铁战士"、卓越的革命领导者。

面对接二连三的降职，面对所受到的种种不公正待遇，面对妻子的背弃，邓小平没有动摇更没有怨恨，他坦然面对，泰然处之，忍辱负重，坚持真理。

面对"左"的思想统治的中央，他痛心之余，便是进行坚决的斗争和深沉的思索。他痛心，是痛心"左"的思想为刚刚开创的革命新局面带来了无以挽回的损失；他斗争，是因为他坚信"左"的思想一定会被取代；他思索，是思索我们的党如何才能为自身的成长付出更少的代价和时间。

面对如此的磨难，换了任何一个二十六岁的青年，能挺过来，便已是奇迹。但邓小平却如此勇于面对，如此处之泰然，对于二十六岁的邓小平，这样的处世境界是何等难得，又是何等令人深思、发人深省啊！

第七章　长征路上

重操旧业，编《红星》

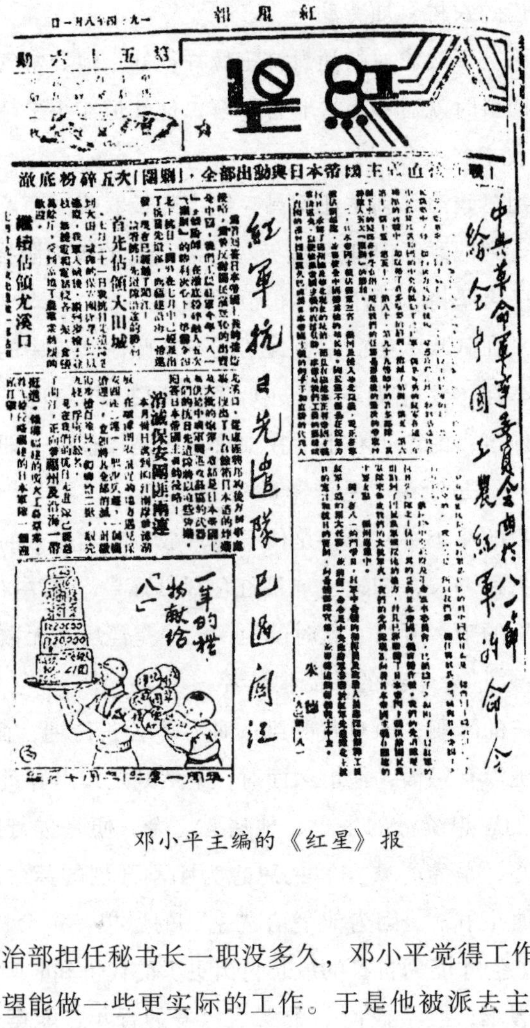
紅星
紅軍抗日先遣隊已過閩江
首先佔領大田城
繼續佔領尤溪口
消滅保安團匪兩連

邓小平主编的《红星》报

被分派在政治部担任秘书长一职没多久，邓小平觉得工作太过清闲，便申请工作调动，希望能做一些更实际的工作。于是他被派去主编当时的机关报《红星报》。由于邓小平早年曾在法国担任《赤光》的主编，这份工作可以算是重操旧业了。

《红星报》是第二次国内革命时期工农红军军事委员会的机关报，由中国工农红军总政治部出版，创刊于1931年12月11日。

1931年12月11日的创刊号上，庄重地写着“红星”二字，下方为“中央革命军事委员会，总政治部出版”，上方通栏为“全世界无产者和被压迫民族联合起来!”《红星报》头期头版头条的“见面话”说得明白：

> 他是一面大镜子，凡是红军里一切工作和一切生活的好处坏处都可以在他上面看得清清楚楚。
>
> 他是一架大无线电台，各个红军的战斗消息，地方群众的战斗消息，全国全世界工人农民的生活情形，都可以传到同志们的耳朵里。
>
> 他是一个政治工作指导员，可以告诉同志们一些群众工作，本身训练工作的方法，可以告诉哪些工作做得不对，应该怎样去做。
>
> 他是红军党的工作指导员，把各种军里党的工作经验告诉同志，指出来哪一些地方做错了，和纠正的方法。
>
> 他要成为红军的政治工作的讨论会。无论哪一个同志对于政治工作，文化教育工作，红军生活有意见，都可以提出在他上面来讨论，要有问题他也可以答复。
>
> 他要是我们全体红军的俱乐部，他会讲故事，会变把戏，会做游戏给大家看。
>
> 他是一个裁判员，红军里有消极怠工，官僚腐化，和一切反革命的分子，都会受到他的处罚，并且使同志们能明白他们的罪恶。
>
> 总之，他担负很大的任务，来加强红军里的一切政治工作（党的，战斗员群众的，地方工农的），提高红军的政治水平线，文化水平线，实现中国共产党苏区代表大会的决议，完成使红军成为铁的任务。

这份报纸面对的读者，是中央苏区的广大红军指战员和地方干部群众。

那个时候，红军战士和指挥员，既没有其他的报纸、书刊可读，也没有什么广播可听，当然更没有电视了。文化生活极其贫乏。因此，《红星报》成了中央苏区广大红军指战员的主要消息来源和学习材料，成为党传播思想和文化知识的一个很好的阵地。

邓小平在主编《红星报》之后，为了发挥报纸的“良师益友”作用，吸引广大红军指战员读报，他特别注意办好理论性、知识性与文艺性的副刊。

例如，有指导学习革命理论的《列宁室》；也有《卫生常识》专栏；还有《红板》副刊，专门介绍红军英雄模范人物的优秀事迹；《铁锤》副刊，专门对违反党纪军纪、破坏军民关系的人，不管职位高低，都进行点名批评；《法厅》副刊，则宣传革命的法律知识，报道受到军法处罚的案件；还有《军事常识》、《军事测验》与《俱乐部》等栏目，这些栏目紧密配合战争的发展，通俗地向指战员介绍战略战术方面的知识，是最吸引红军指战员的栏目；他的文艺性副刊有《山歌》、《红军歌曲》、《猜谜语》等，办得生动活泼，受到红军指战员与群众的欢迎。

仅从这琳琅满目的栏目设置中，我们就不难看出，邓小平是将他全身心的力量都投入到了这份工作之中。

邓小平主编《红星报》时手下只有几个人，很长时间只有两个人，所以从选稿、编辑、印刷到各种新闻、文章的撰写，都要他自己亲力亲为。《红星》报许许多多没有署名的消息、新闻、报道乃至许许多多重要的文章、社论，都出自他的笔下。

与十年前全凭一笔一画在钢板上刻的《赤光》不同，此时的《红星报》大都是铅印而成，但五天一期，八开四版的报纸，从策划到发行，可想而知几个人的工作量该有多大。

为了突出文章内容和使版面生动美观，邓小平还不辞劳苦，将大部分标题手写，在木头上刻出字模后，再套印到报纸上。

有的战士说，看《红星报》既能读到不少好文章，又能欣赏到邓主编的好书法。

至1935年1月，遵义会议后，邓小平奉调离开了《红星报》，他共主编《红星报》七十期。这其中还包括几期邓小平在长征路上克服种种困难而出版的手刻油印版。

也许现在，我们无法想象，一个曾率领过千军万马、叱咤战场的高级将领，是如何能如此忘我地工作在这样一个平凡的岗位上的。

但是，如果我们能将邓小平的行为完全置于当时的那种社会大背景下，可能就不难理解。

“为了党和人民的事业，我个人的得失算得了什么!”这是当时的革命者们，经常会提到的一句话。这听似戏文，但却是邓小平那一代革命者行为的真实写照。

遵义会议得重用，长征路上共甘苦

1933年9月下旬，蒋介石调动大军，对中央革命根据地发动了第五次“围剿”。“左”倾中共临时中央，不听毛泽东等的正确建议，在反“围剿”斗争中采取错误的战略方针，致使中央红军苦战一年，终未打破敌人的第五次“围剿”，不得不离开南方根据地，进行战略转移。

1934年10月10日，已是秋风萧瑟的寒秋，苏区的战士们含泪打点好行装，告别了老区的亲人。一个永载史册的伟大壮举——长征，就这样开始了。

邓小平随总政治部机关一道，被编入“红章纵队”，随红军主力，开始长征。

遵义会议前，由于第五次反“围剿”和长征初期的失败，红军中对“左”倾冒险主义的反感日增，绝大多数军内和党内的高级干部对“左”倾错误领导强烈不满。毛泽东被排斥在领导之外的状况开始有了改变，影响日益增大。

在毛泽东的影响下，中央任命邓小平为中央秘书长。

这是邓小平经过第一次“落”难以后，得以重“起”的重要标志。

紧接着，邓小平以中共中央秘书长的身份参加了遵义会议，成为毛泽东的坚定支持者。正如他所预料的那样，“左”倾冒险主义思想被赶出了中央。

1935年1月15日至17日，遵义会议召开。

会上，首先由博古作关于第五次反“围剿”的总结报告。在报告中，博古过分强调客观困难，把第五次反“围剿”的失败归之于帝国主义、国民党反动力量的强大，白区和各苏区的斗争配合不够等，而拒不承认他和李德在军事指挥上所犯的严重错误。

随后，周恩来在会上就军事问题作副报告，他指出第五次反“围剿”失败的主要原因是军事领导的战略战术的错误，并主动承担责任，作了诚恳的自我批评，同时也批评了博古和李德。

接着，毛泽东作了长篇发言，对博古、李德在军事指挥上的错误进行了切中要害的分析和批评，并阐述了中国革命战争的战略战术问题和此后在军事上应该采取的方针。

遵义会议取得了两大成果：第一，形成了著名的遵义会议决议，即《中央关于反对敌人五次“围剿”的总结的决议》。这个决议明确指出，是博古、李德在军事上的“单纯防御路线”，使得红军在第五次反“围剿”中失利，又在战略转移与突围中实行战略退却。决议在军事路线上彻底结束了王明“左”倾错误的指挥；第二，改组了中共领导机构，选举毛泽东为中央政治局常委，军事指挥由周恩来、朱德负责。

遵义会议旧址

遵义会议，在军事上结束了“左”倾错误的指挥。

遵义会议，在组织上结束了“左”倾教条主义在中国共产党内的统治。

遵义会议，在没有外来干预的情况下，中国共产党根据本国本党本军的实际情况，独立自主处理了自己的事情。

更重要的是，遵义会议以后，形成了一个中国共产党党内的领导核心，这个核心的擎天柱就是毛泽东。

遵义会议后的一段时间里，邓小平开始和毛泽东、张闻天一起长征，每天走在一起、住在一起。他以中共中央秘书长的身份参加了多次重要的政治局会议，并实际参与了中央的领导工作。

“长征是宣言书，长征是宣传队，长征是播种机。”邓小平在长征路上做得最多的工作就是宣传。

1935 年 6、7 月间，邓小平由中共中央秘书长调任红一军团政治部当宣传部长。

他领导红一军团的宣传工作，利用各种各样的宣传形式，宣传党的方针政策，宣传毛泽东的军事战略战术思想，鼓舞广大指战员们克服重重困难，勇往直前。

身为宣传部长的邓小平，对宣传队的战士，工作上严格要求，生活上关心备至。

原红一军团宣传干事潘振武回忆到：

> 一天，红军经过长途的跋涉，到达宿营地已经日落西山了。宣传队员吃过晚饭后就烧水洗脚，有的宣传队员抱来麦秸在摊地铺，准备睡觉。
>
> 突然，邓部长推门进来了。
>
> “怎么搞的？街上为什么一条标语都没有？”邓小平面带愠色地问道。
>
> “今天……天黑了……大家烧水洗脚……”李光炳同志不知该怎么回答才好。
>
> 邓部长批评说：“烧水洗脚有那么重要嘛？把我们宣传工作的传统都丢掉啦！”
>
> 宣传队的小鬼们一骨碌都爬起来了，二话没有，提起石灰桶，扎起火把就去写标语了。
>
> 以后，不管在什么情况下，凡是到了一个新地方，小鬼们放下背包第一个任务就是写标语，可自觉啦！

邓小平对红军战士一向是工作中严格要求，生活上十分关心。

红军翻过六盘山，在青石嘴歼敌两个连，并有不少缴获。邓小平看到宣传队员身上的衣服破烂不堪，就问红四团政委杨成武：

“听说你们团在青石嘴一仗，缴获了敌人不少布？”

杨成武回答道：“是的，上缴了不少，还留了一点儿。”

邓小平说：“关心一下宣传队的同志，给剧团（即战士剧社——作者注）的小鬼每人做套衣服怎么样？”

杨成武爽朗地答应道：“好，照指示办！”

不久，战士剧社的小战士们每人添置了一套新衣服，上台演出显得更加精神了。

1935年10月，邓小平随中央红军经过江西、湖南、广西、贵州、四川、云南、西康（今分属四川省和西藏自治区）、甘肃、陕西等11个省，走过终年积雪的高山，越过人迹罕至的沼泽草地，历尽艰苦，击溃了国民党军的围追堵截，行军两万五千里，到达陕西北部，胜利完成了震惊中外的壮举——长征。

毛泽东用五十六个字的诗《长征》，精辟地概括了被称为“宣言书”、“宣传队”、“播种机”的红军二万五千里长征：

红军不怕远征难，万水千山只等闲。
五岭逶迤腾细浪，乌蒙磅礴走泥丸。
金沙水拍云崖暖，大渡桥横铁索寒。
更喜岷山千里雪，三军过后尽开颜。

这首诗抒发了毛泽东作为一位伟大的政治家、军事家、战略家、思想家的宏伟气魄和浪漫主义情怀。

而邓小平，在几十年后，当女儿问他，“长征路上都干了些什么”的时候，他则仅用了三个字“跟着走”。

“跟着走”，多么简单的三个字，但却寓意深刻、耐人寻味。

“跟着走”，他没有炫耀自己的功德。

“跟着走”，他坚定自己的追求。

“跟着走”，他是在跟着共产党，跟着共产主义在走。

“跟着走”，邓小平谦虚、大度、执着、坚定的做人风格与革命信念，全蕴涵在这简单的三个字中了。

随军征战，扩大战果，准备抗日

1935 年 11 月 20 日至 24 日，红军在直罗镇取得歼灭国民党第一〇九师一个师又一个团的胜利。这一胜利巩固了陕甘根据地，为中共中央把全国革命的大本营放在西北举行了奠基礼。

1936 年 2 月下旬，为扩大抗日武装和革命根据地，红一方面军以“中国人民红军抗日先锋军”的名义，在毛泽东、彭德怀率领下，发起东征战役。

邓小平随军东征。

贺晋年同志回忆说：

我当时任八十一师的师长。

一天，邓小平奉命到八十一师指导工作。他只带着一名饲养员，骑着一匹大青骡子，单骑简从就来了。

3月17日，红一军团和八十一师突破了敌汾河堡垒线，由霍县地区向南急进，迅速占领了霍县、赵城、临汾、襄陵（襄汾）、曲沃等地区。我忙于指挥部队，顾不上照顾小平同志，看着他日益消瘦的面孔，心中充满内疚之情，而小平同志仍旧是一副若无其事的样子。

此前不久，在清涧县袁家沟，我与毛泽东同志有过一次长谈，毛泽东主席高屋建瓴，引古论今，话锋所至，恰似狂风扫落叶。而小平同志则不然，他话语不多，经常下到基层检查工作，与干部战士谈话，了解情况，考虑问题周到、细致、实际。参加师领导会议时，发言简明扼要，直入话题，常常是一语中的。他那钢铁般的意志往往通过平静的语言表述出来。

我当时骑的一匹与刘志丹同志换来的黄骠马，那是匹难得的好马，是我心爱的至宝，但我觉得小平同志应该有匹好马，便提议用自己的黄骠马换他的大青骡子。谁知小平同志只是微微一笑，说还是骑骡子稳当些，你要指挥部队，离不开好马。他婉言谢绝了我的好意。

小平同志有着丰富的政治工作经验。赵城有个马牧村，村子很大，大约有几千村民，我师在那里休整了一下。当地群众在阎锡山及封建宗族制度的统治下，思想闭塞，文化落后，对我党我军不够了解，见了我军指战员常避而远之。针对这种情况，小平同志亲自拟定宣传口号，带领政治部的同志们到驻地周围搞调查研究，严厉制裁了欺压百姓的恶霸地主和高利贷者，将没收他们的财产分给贫苦群众，迅速打开了工作局面。不少青壮年踊跃报名参军，一下子就补充了二百多名新兵。

小平同志看到八十一师政治部有个宣传队，常对我讲要重视宣传队的建设，说那是个培养政治工作干部的好地方，对鼓舞士气，提高部队战斗力有直接作用。在小平同志的支持下，我将马牧村死缠硬磨非要当兵的一些十五六岁的娃娃都放在师宣传队里。后来，这些娃娃经过战争的锻炼，大多成了八十一师建设的骨干。

贺晋年同志的这段回忆，是东征途中邓小平工作的缩影。

一路上，邓小平带领政治部宣传部的同志，亲自编写宣传提纲和教材，宣传共产党的主张，宣传抗日。

此次东征，扩大了红军的影响，宣传了党的“停止内战、一致抗日”的主张，取得了很大的胜利。

1936 年，红军第一军团和十五军团的部分领导干部在陕西淳化县。左起：王首道、罗瑞卿、杨尚昆、程子华、聂荣臻、陈光、徐海东。右一为邓小平

但是，红军东征遭到了国民党军队的拦击。为了避免内战，中共中央决定将东征军撤回到陕北。

东征回来以后不久，邓小平被任命为红一军团政治部副主任，接替罗荣桓的工作。

1936 年 10 月，红军第二、第四方面军经过艰苦的跋涉，战胜了张国焘的分裂主义，终于长征到达陕甘宁，在会宁、将台堡同红一方面军会师。

当时，任红四方面军第四军政治部主任的刘志坚同志，曾与邓小平有过一次难忘的接触，他回忆：

由于 1935 年 9 月之前，我一直在红三军工作，对红三军一直非

常依恋。红四方面军同红一方面军会师后，我去找邓小平同志，要求回三军团工作。

小平同志听了就说："噢，讲讲理由嘛。"

我陈述了自己的想法，满以为自己的理由很充分，小平同志一定会同意的。没想到他呵呵一笑，说："你已经在那里了，很好嘛！我们还准备派干部去加强红四方面军的工作。"

接着又说："我们共产党人有一个特点，就是善于不断开辟新的天地。老待在熟人堆里，总跟熟悉的人打交道，谁来替我们开辟新天地哟？"

简单明了的几句话，把党的使命，国家的前途，革命的意义，包括个人怎样才能有所作为的道理都摆了出来。

我顿时不知说什么好，因他讲得有道理，想了想就回答说："回去我一定安心在那里工作，决不辜负党的期望。"

听我这么一说，他很高兴地点头，又根据红四方面军存在的实际情况，一针见血地指出，四方面军主要问题是干部教育，你要抓好干部工作。不久小平同志就派耿飚等一批同志到红四军来工作。我回到部队后，就照小平同志要抓干部教育的讲话，举办了多批指导员和党支部书记、党小组长、士兵委员会主任、俱乐部主任等各种训练班，并亲自讲课。不到一年时间，就使部队党的建设、作风纪律、精神风貌有了很大的改观。

1936年12月12日，张学良、杨虎城在中国共产党抗日民族统一战线的推动下，为了逼迫蒋介石停止内战，进行抗战，发动了"西安事变"。在中国共产党的努力下，"西安事变"得以和平解决，迫使蒋介石接受了停止内战、共同抗日的方针。从此，十年内战的局面基本结束，国内和平初步实现。国共两党实行第二次合作，已成为不可抗拒的趋势。

邓小平是在昏迷中听说"西安事变"的事情的。这时，他不幸染上了他一生中的第二次风寒。第一次是十年前在法国勤工俭学时。这一次，邓小平病情十分危重，昏迷不醒、食不下咽。

邓小平也真是命大，正好这时张学良将军为红军送来了两车慰问品。其中，有一些罐装的炼乳，聂荣臻就把这些炼乳全部给了邓小平。邓小平就是靠着它们挺了过来。

1937年1月，红一军团政治部主任朱瑞调红二方面军任政治部主任，邓小平接替朱瑞任红一军团政治部主任。

1937年，邓小平与部分政治工作干部在旬邑县合影。其身后右侧为罗荣桓，前方为杨尚昆

为了进一步为开赴抗日战场做好准备，红军开展了较为集中的军政训练。一批军团直属干部，在军政训练班进行了有计划的学习。

梁必业将军对那段生活回忆说：

我们进行军事和政治训练，学习中央瓦窑堡会议决议，学习统一战线的方针政策。学员们每天早上起来出操、跑步，学军事、武器、运动战，还搞比武活动。

政治课是小平同志给我们讲。他每天早晨起来看书、备课。他备课的时候，不让我们吵。他给我们讲课，讲政治经济学，从商品的两重性讲起。他给我们讲什么是劳动，劳动创造价值，给我们讲社会主义必然会代替资本主义。

我们一礼拜上一堂课，课堂是自己搭的。在院子里，我们用席子搭了一个棚子作教室，一个黑板，向老乡借了二十几个长条板凳。

邓每次都是一到时间就讲课。有一次供给部部长邝任农的人迟到了，邓一开课，拿起笔就在黑板上写下：供给部迟到。写在黑板上。写完就开始讲课。供给部的人来了，一看这几个字，赶快悄悄坐下。邓没有批评人，但是以后再没有人迟到了。

小平同志给我们讲的都是基本道理，很朴素的道理。许多工农出身的干部，都是第一次接受这样的系统教育。他还教我们唱国际歌，因为国际歌是外国歌，许多人不会唱或唱不准。我学会唱国际歌的音调，就是从邓那里学会的。

1937 年 1 月 13 日，中共中央机关迁往延安。

从此，延安这一陕北古城，变成了全国革命的心脏，成为一切爱国进步青年向往的革命圣地。

此时，红军和全国各类革命武装已发展到十万人左右。全国的共产党员已有四万余人。陕甘宁根据地发展到东濒黄河，北至长城，西起固原，南到淳化，共三十六个县，总面积达十三万平方公里，人口二百万。

革命根据地的巩固扩大，革命军事力量的继续壮大，国共合作形势的不断发展，特别是中国共产党内坚定而又正确的领导核心的建立，使得年轻的邓小平精神振奋，斗志旺盛，他已做好一切准备，奔向抗日的第一线。

第八章　初上抗日战场

“八路军的干部是铁打的钢铸的，阎锡山的官是泥捏的木刻的！”

1937年7月7日，在日本侵略军的阴谋策划下，卢沟桥事变爆发。日军发起了对中国的全面侵略战争。

在此国难当头的危急时刻，中国共产党迅速向全国发出抗日通电。迫于各方压力，国民党蒋介石终于正式同意再次与共产党合作，共同抗日。

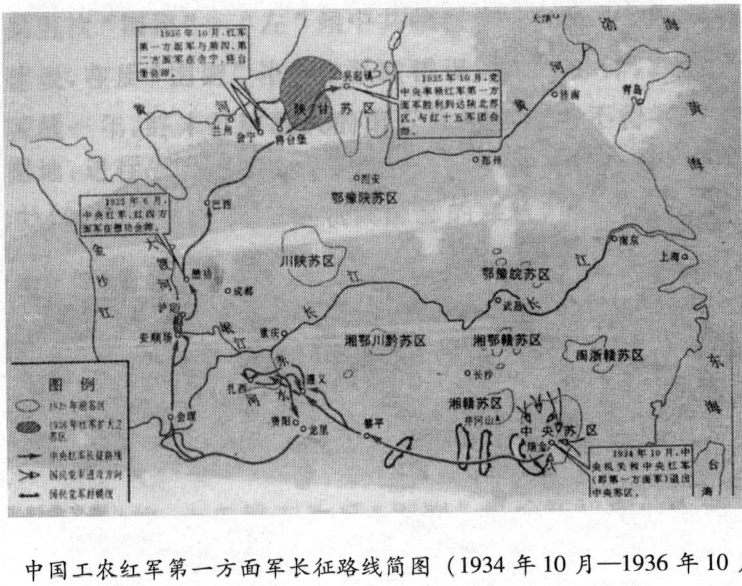

中国工农红军第一方面军长征路线简图（1934年10月—1936年10月）

8月22日，中共中央在洛川召开政治局扩大会议，会议指出：中国的政治局势已经进入一个新的阶段，该阶段的中心任务是动员一切力量争取抗日战争的胜利，并在争取抗战胜利的过程中，完成争取民主的任务。

按照国共合作的协议，8 月 25 日，中国工农红军第一、第二、第四方面军和陕北红军改编为国民革命军第八路军。第八路军下辖一一五师、一二〇师、一二九师三个师。朱德任总指挥，叶剑英任参谋长，任弼时任政治部主任，邓小平任政治部副主任，刘伯承任一二九师师长。

1937 年任八路军政治部副主任时的邓小平

当时，邓小平的主要工作就是针对部队改编后，一些战士对国共合作的抵触情绪开展思想工作，并向战士们宣传国共合作和抗日统一战线的方针政策，为部队奔赴抗日战场做好思想上和政治上的准备。

据邓小平的战友傅钟回忆：

当时，八路军政治部的日常工作是由邓小平同志主持的。

小平刚过“而立之年，风华正茂，不论军队工作、地方工作都很有经验。他作风干练、稳健，待人热诚，关怀部属，深得同志们信赖。”

陈明义也在《难忘邓小平同志的谆谆教诲》一文中回忆：

当时，我在一二九师司令部任作战参谋，和小平同志一起工作、一起生活。刘邓首长都和我们同在一个党支部，我们都亲切地称他们刘师长、邓政委，长时间这样叫，至今仍改不了口。

邓政委说话简明扼要，办事干脆利落，作风简朴，严于律己，有时也不乏幽默感，给我印象颇深。每周一次党小组生活会他都一定参加，和大家一起学习、谈心、批评和自我批评。如果军情急切和有重大事情亟待处理不能到会，他总是事前主动向专职支部书记傅全斌请假。党的组织纪律观念，一点也不含糊，堪称楷模。他看来很严肃，实际上一旦有空时，他跟我们摆龙门阵，话家常，谈思想，问学习，使人感到可亲可敬。

记得当时国民党政府给八路军评定职务、军衔，而共产党的专职党务干部则不给评定，挂在了“空档”。这着实让许多同志想不通。

这时，我们支部的专职书记傅全斌同志也产生了思想疙瘩，情绪有些波动。邓政委知道后，便及时同他聊天，傅全斌同志开门见山愤愤地问：“同在一个阵地出生入死打小日本，别人有职有衔，什么官呀长的，我是什么？”

邓政委冲傅全斌爽朗一笑，亲切地拍着他结实的双肩，既幽默又风趣地说道：

“嘿，全斌同志！为了打小日本嘛，什么官不官的。我和刘师长都服你管，都是一个支部的成员。你的职务很高。”

“我什么职务？”

“你这个支部书记呀，见官大三级。”

邓政委一席话，说得傅全斌哈哈大笑，心里豁然开朗。

8月底9月初，八路军一派士气高昂，向着正遭受日本侵略者蹂躏的华北地区挺进。9月23日，部队抵达山西五台山，进入了抗日最前线。

从此，邓小平便跟随八路军，战斗在了抗日战争的第一线。

到达山西以后，邓小平担任了第二战区民族革命战争战地总动员委员会（简称战动会）的八路军军方代表。

战动会的主要工作是宣传抗日，组织武装群众，开展游击战。当时，担任第二战区司令的阎锡山，对战动会的建立持不赞成的态度，并认为要将群众发动起来至少需要三个月的时间。他忘记了共产党是最善于依靠群众、组织群众、动员群众的。只用了短短二十天时间，八路军就把当地群众组织和武装起来了。

阎锡山对此非常惊讶，他自叹弗如："八路军做事太快了!"

八路军做事，不仅快，而且更讲究战略战术，会更多地考虑老百姓的安危。

10月，毛泽东指出，战动会在山西的工作应分为晋西北、晋东北、晋西南、晋东南四块分别开展、密切协同。

邓小平率领五六百人，远离主力，到晋西南开辟局面。

随邓小平一同工作的傅钟，对这段经历做了详细的回忆：

我们经太原往南走，队伍走到哪里，宣传到哪里，沿途受到群众的热忱接待，所以队伍虽小，却有声有色地扩大了红军的影响，以至我们在太原等地一贴出随营学院的招生布告，立即就有青年知识分子报名参加我们的行列，队伍最后由三个队扩大成四个队。

到汾阳县三泉镇后，当地牺盟会的负责人和山西省委的同志不断找小平同志汇报情况，听取指示。不几天，从忻口前线退下来的国民党部队，漫山遍野而来。阎锡山也离开了太原，跑进了吕梁山区。11月8日太原失守。

从太原地区退下来的各路国民党军队大路跑，小路跑，惶惶不可终日。周恩来到达汾阳时对战动总会的同志说：要想办法不让败军骚扰老百姓，阎锡山撤走他的干部，你们必须守住岗位，他拆台，我们干，和华北人民生死在一起。小平也异常镇定地鼓励大家，他说：国民党扔掉国土，丢下老百姓，抗日的责任在我们肩上，我们要当仁不让，鼓起最高的决心和勇气，站在最前线和日寇拼命，同山西人民一道抗战到底！国民党、阎锡山的几万败军过后，只有小平同志率领的我们这支八路军和战动总会的干部，挺立在太原西南方向的大道上。

小平同志和我们离开三泉镇，到了孝义县的下堡镇。这里地处吕梁山下，是晋西南的大门。

这时日军一股窜到平遥县，阎锡山的平遥县长如惊弓之鸟，带着文武官员和物资，逃出本县。

小平同志得知后，一面对我方人员布置：在民族危急关头，反对逃亡，要理直气壮，要敢于领导群众进行反逃亡斗争。一面把那个县长叫来，晓以大义，劝其返回平遥，开展游击斗争，否则就是不尽“守土抗战”之责。小平同志严厉地说：

“日军打来，如果丢下老百姓逃跑，老百姓是不会答应的！每支枪，每粒子弹，每文钱，都是老百姓的血汗，不用到抗战上，老百姓有权利说话！”

那个县长不听劝告，仍要亡命逃跑，但最后在我方的压力下，交出了枪弹物资和人员。此后，小平同志给留下的部队派去了几名八路军干部，整训了部队。

这支部队，在平遥，在战斗中，迅速扩展成一支五六百人的抗日游击武装力量，取得了反逃亡斗争的胜利。此后，小平同志又在孝义的下堡实施戒严，收缴了想要逃跑的县长、警察的枪支弹药，派去了八路军干部，在孝义也形成了一支抗日的游击武装力量。随后，小平同志动手起草了一份给阎锡山的电报，揭露平遥、孝义等县长擅离职守，弃地逃跑的行为，并声明：日寇入境，我们“有必死之决心，无逃跑之余地”。

八路军的抗日决心和果断行动，很快在广大群众中流传开了，人们盛赞：“八路军的干部是铁打的钢铸的，阎锡山的官是泥捏的木刻的！”

截至1937年底，初上战场的八路军仅用了不到半年的时间，就开创了抗日的新局面，成为了中华民族抗日队伍中的一支中坚力量。

刘邓初联手，便“三战三捷，歼敌数千”，引起日军的震惊

随着太原的失守，国民党军队在抗日战场上是节节败退，抗战的历史重任逐渐转移到了红军的身上。

在此危急关头，八路军总部号召全军“坚持华北抗战，与华北人民共存亡”。

1938 年 1 月 5 日，中央军委任命邓小平为一二九师政委

1938 年 1 月，邓小平奉命就任一二九师政委，从此，开始了与刘伯承长达十三年的默契合作，以及长达几十年的革命友谊。

刘伯承，出生于 1892 年，四川人。比邓小平大了整整十二岁，两人都属龙。1911 年，刘伯承就在四川的万县参加了辛亥革命的学生军，1912 年考入重庆军政府将校学堂，以后参加讨袁护国战争，二十年代初期已是川中名将。1926 年，刘伯承加入了中国共产党，参加了四川的泸顺起义。1927 年参加南昌起义。他曾赴苏联留学，毕业于伏龙芝军事学院。回国后在中央军委工作，1932 年任中央革命军事委员会总参谋长。他在长征中指挥部队强渡乌江，智取遵义，抢占皎平渡，勇过大渡河。第一、第四方面军会合后，他被分配到左路军，与张国焘的分裂主义进行了坚决的斗争。这位红军名将，在抗日战争爆发后即被任命为八路军第一二九师师长，统帅一支部队，驰骋在抗日战场之上。抗战伊始，他便运用机动灵活的战略战术，组织所部夜袭阳明堡机场，伏击七亘村日军，并在正太铁路南侧歼敌一千余人。1937 年 10 月，刘伯承奉毛泽东和中央之命，率一二九师挺进太行，创建晋冀豫边抗日根据地。

1 月 18 日，邓小平来到一二九师的时候，刘伯承已率军以太行山为中心，依托山区，开始向平原地区发展，活跃在了日军占领区的后方。

为了迅速打开冀南边区的工作局面，邓小平与刘伯承一面大刀阔斧地向冀南派遣部队，开展发动群众组建游击队的工作；一面召开一系列会议，部署太行山区的全面工作，为开辟抗日根据地打基础。

1938 年 1 月，邓小平任八路军一二九师政治委员。这是一二九师领导人在山西辽县（今左权县）桐峪镇合影。左起：李达、邓小平、刘伯承、蔡树藩

2 月 5 日，邓小平主持召开一二九师高级干部会议。会上，刘伯承师长、徐向前副师长、邓小平分别讲了话。会议总结了太原失守以来的军事工作，并进一步部署了实行战略展开、开辟根据地和继续发展游击战争的工作。

2 月 15 日，一二九师师部开始向北挺进，开始了与日军的殊死搏斗。

2 月中旬，蒋介石、阎锡山下令反攻太原。为配合友军作战，并牵制向晋南进攻的日军，刘伯承、邓小平根据八路军总部的命令，将分散活动的一二九师主力适当集中，任务是切断敌后方交通，配合友军行动。

2 月 21 日，一二九师打响了长生口战斗。

我军先声东击西，吸引驻井陉敌军来援，然后在长生口设下了埋伏。当敌人二百援兵乘汽车八辆到来之时，我伏击部队突然出击。经过五个小时的激烈战斗，我军歼敌一百三十余人，击毁汽车五辆，还缴获了一批武器。

这是邓小平到一二九师后参与指挥的第一仗，首战告捷。

长生口战役后，一二九师师部胜利返回辽县西河头。数日后，一二九师再

次出发，此次南进，准备在邯长大道以北地区寻机歼敌。

邯长大道是由河北邯郸至山西长治的一条公路，是日军一条重要交通线，其沿线各县城均有敌军守备。不过，此时日军主力正大举进攻晋南地区，邯长沿线守备薄弱。于是，一二九师决心在此寻战，计划先攻黎城，引出潞城之敌出援，然后利用途中神头岭复杂的地形，设伏击敌。

1938 年 1 月，邓小平任八路军一二九师政治委员。这是邓小平和一二九师师长刘伯承在一起

3 月 16 日凌晨四时，神头岭战斗打响。

战事的发展，果然如我军所料，在发起进攻之前，敌人毫无防备。我军先袭黎城，潞城之敌一千五百余人即行出援。此时，我军已切断神头岭与黎城之间的交通，敌人一到，我即毁桥断路，待敌进入我三面设伏、如口袋状的伏击地区后，我军三面出击，与敌人展开白刃搏斗。经两小时激战，歼敌一千五百余人，缴获枪支骡马数百。

神头岭伏击战，再次取得辉煌战果。

神头岭战斗之后，日军气急败坏，加紧反扑。为了支援晋南、晋西之敌向黄河各渡口进犯，日军运用邯长大道加紧运输，每日汽车不断。

于是，刘伯承、邓小平和徐向前又决定在邯长大道上再打一仗，牵制敌人的进攻。此次，我军决定设伏于涉县响堂铺一带，利用山势地形，袭击日军运输部队。

3月31日凌晨，一二九师进入伏击地域。

上午，日军两个汽车中队近二百辆汽车由部队掩护从黎城方向而来。当敌人进入伏击圈之际，战斗打响。我军以猛烈火力压制杀伤敌人。日军意外遭袭，立即乱作一团。两小时后，战斗结束，我军歼敌四百余人，焚毁军车一百八十辆，并缴获了许多武器装备。与此同时，击退从黎城、涉县来援之敌军共千余人。

响堂铺战斗，被刘伯承认为是伏击战斗的范例。

在短短一个半月的时间里，一二九师在刘邓的率领下，连续取得了长生口、神头岭、响堂铺三次战斗的胜利。

刘邓初联手，便“三战三捷，歼敌数千”，他们灵活多变、出其不意的游击战、运动战战略战术，引起了日军的恐慌。使华北日军深感“该地的共军，扰乱我占领地区，其威势已不容轻视”。

1938年春，邓小平在山西黎城向部队进行战斗动员

日本军队为了驱逐和消灭八路军的主力，解除后方的威胁，决定对晋东南地区实施大规模围攻。

4 月初，日军纠集十余个联队三万余兵力，分九路向晋东南地区之八路军和国民党军队大举围攻，并企图一举将八路军主力合歼于此。

在八路军总部和东路军总部的部署下，刘邓先后将六路进犯之敌阻滞。但是，仍有三路敌军进入我根据地腹地，并相继占领了沁县、武乡、辽县等城。不过这些进犯之敌已孤立无援，遭我军部队和游击队的不断阻击和袭扰，陷入了饥饿疲惫和恐慌不安的境地。

一二九师决定抓住战机，向西挺进，寻机打一个歼灭战。

4 月 16 日，我军在武乡以东的长乐村地区，夹击敌人，经过反复、激烈、艰苦的战斗，歼敌二千二百余人，取得重大胜利。

长乐村战斗，是粉碎日军九路围攻中具有决定意义的一仗。此后，敌人锐气全无，退出了晋西南。

邓小平自 1 月份来到一二九师，一晃三个月的时间过去了。这三个月，军旅倥偬，战事紧张，闲暇全无。经过三个月的苦战，我军基本控制了晋冀豫地区。八路军的威信也空前提高，广大人民群众饱受日军残杀蹂躏之后，抗日信心更加坚定。

这些都为建立晋冀豫抗日根据地创造了极为有利的条件，也为“刘邓就是刘邓，中间连个逗号都放不进去”的历史佳话，开了个好头。

邓小平说：“这些摩擦专家们欺人太甚了，应该教训教训他们了！”

由于一二九师的一系列有效作战，我军战果不断，以太行山为依托的晋冀豫抗日根据地得以建立并巩固。

到 1938 年底，由于中国军民的奋力抵抗，侵华日军伤亡惨重，军用物资也出现短缺。日军曾经“两个月就可以结束战争”、“三个月灭亡中国”的痴心妄想化为泡影。日军内部出现消极情绪，兵力日益分散。

正如毛泽东所预料的，中国的抗日战争，进入了战略相持阶段。

随着抗战进入相持阶段，以汪精卫为代表的国民党亲日派开始公开投敌，以蒋介石为代表的国民党亲英美派，在日本的诱降和英美的劝降下，也制定了“溶共”“防共”“限共”“反共”的反动方针。

此后，蒋介石国民党集团的主要注意力，逐步由对外转向对内，并在山东、河北、湖南、河南等地制造了一系列的反共惨案。

自1938年秋，一直到日本投降，国民党顽固派对我抗日根据地军民的进攻和制造摩擦，就再没有间断过。

我八路军处于两面夹击之中。

针对国民党顽固派的所作所为，党中央多次发出提高警惕、准备应付突然事变的指示，并号召全国人民“坚持抗战、反对投降，坚持团结、反对分裂，坚持进步、反对倒退”。

邓小平（右一）在山西洪洞县马牧村八路军总部和朱德、彭德怀等合影

与此同时，中共中央向全党发出指示：“我党我军对于局部武装冲突的立场是明确的自卫原则，人不犯我，我不犯人；人若犯我，我必犯人！”

朱德、彭德怀于2月4日致电刘伯承、徐向前、邓小平：目前华北各地摩擦日益加紧，这是由于国民党的“限共”政策所造成的。为了便于打击顽固分子，应多培养同情者，扩大我之外围力量，培植可靠的同情我之武装力量。

刘伯承、徐向前、邓小平遵照党中央和八路军总部的指示，对国民党顽固派采取又团结又斗争，以斗争求团结的方针。他们一面对顽军进行争取和说理工作，一面反击顽军的军事进攻。

当时，一二九师活动地区的反顽对象主要是冀察战区总司令、河北省政府主席鹿钟麟、国民党第六十九军军长石友三、河北民军总指挥张荫梧和国民党第九十七军军长朱怀冰等人。针对这些人的不同特点，邓小平他们采取了不同的应对策略。

首先，为了劝阻这些人停止反共，共同抗日，刘伯承、邓小平主动约请他们举行会谈，在不损害中国共产党及其军队利益的基础上，对许多问题采取了忍让的态度，使谈判取得了积极的成果。

会谈后，鹿钟麟在一个时期始终没敢在军事上放手进攻八路军，石友三也没有积极参加摩擦。但当时反共的急先锋是张荫梧，他依仗背后有蒋介石撑腰，对我摩擦越搞越凶，并于8月上旬指使其部队向我军驻地发动进攻。他还暗中与日军及皇协军勾结，秘密订立向我军进攻的协定。

1938年，邓小平和朱德、刘伯承在一起研究作战计划

针对上述情况，刘伯承、邓小平召集会议研究对付张荫梧的办法。在听了一二九师参谋处长李达关于顽军对我摩擦的情况汇报后，邓小平愤慨地说：

“这些摩擦专家们欺人太甚了，应该教训教训他们了。没有斗争，抗日统一战线巩固不了，如果我们的部队都叫人家搞垮了，哪里还有什么统一战线可言，就只剩下他国民党一家独裁了。我们还是政治的、军事的双管齐下。对这几个人，也要区别对待。对石友三、孙殿英，目前以争取为主。对搞我们最积极的张荫梧，还有王子耀，这次要毫不客气地打击一下。建议朱、彭总副司令给程潜（当时任第一战区司令长官）去电，陈述张荫梧的罪行，要求撤他的职。”

此后，刘伯承、邓小平精心组织了对张荫梧和王子耀部的反击。

1939 年 8 月 27 日，经过激烈的战斗，张荫梧部被消灭，张荫梧本人落荒而逃。猖狂一时的民军独立旅王子耀部也被消灭。

1939 年 11 月，国民党五届六中全会制定了《处理异党问题实施方案》。蒋介石随即在全国发动了第一次反共高潮。

1940 年初，国民党军队兵分几路，向我根据地展开进攻。

国民党第九十七军朱怀冰部进入冀西，逼近八路军阵地；国民党第六十九军石友三部，在冀南、冀鲁豫地区向平汉路附近的八路军进攻。

在此危急时刻，我党仍以大局为重，刘伯承多次代表一二九师与朱怀冰、石友三会谈，劝其团结抗日。另一方面，我军也时刻准备着对顽固派的进攻给以有力的反击。

邓小平在桐峪召开的全师干部会上说：现在时局已到了严重危险的程度。目前，国民党顽固派投降妥协的倾向日益严重，局部分裂已成事实，反共气焰更加嚣张，由过去“防止异党办法”的以政治为主，转而为“处理异党方案”的以军事为主。现在的讨逆斗争，并不是内战，而是联合不愿投降的资产阶级继续回头抗战。这正是对日本帝国主义斗争的一部分。他指出：中国今天的抗战，正处在十字路口。我们的任务，是争取时局好转。我们全体指战员和根据地的干部群众，都应该有高度的警惕性，准备应付随时可能来的突然事变。突然事变可能有两种形式：一是全国下大雨；一是部分地到来。无论是哪种突变，我们仍然采取“人不犯我，我不犯人；人若犯我，我必犯人”的立场。对于石友三，邓小平尖锐地指出：石友三流氓成性，反复无常，反共也最坚决，是我们目前的重点打击对象。我们不打则已，打就要打胜。

顽固不化的朱怀冰、石友三等部，再次大规模地进攻太行、冀南地区。2 月初，他们勾结日本侵略者，配合日军的“扫荡”，向冀南八路军大举进攻。

在忍无可忍的情况下，一二九师被迫自卫还击。

宋任穷、程子华指挥近二十个团的兵力，发动冀南战役和卫东战役。经过英勇作战，歼灭石友三顽军六千余人。

邓小平亲自指挥 13 个团，发动磁（县）、武（安）、涉（县）、林（县）战役。邓小平充分利用了顽军内部矛盾，采取了迅雷不及掩耳的包抄穿插战术，经过四天激战，消灭了朱怀冰军部及其主力两个师的大部，共歼敌一万余人。

朱、石两部的迅速失败，彻底粉碎了国民党的第一次反共高潮。

最值得一提的是，在一系列的与反共顽军斗争的过程中，刘邓领导下的晋冀鲁豫抗日根据地得到了巩固和加强。全区武装力量扩大到十一万人，一二九师控制了太行、太岳、冀南三区的七十一个县，约八百万人口的广大地区。

一二九师领导在新年团拜会上，左起：刘伯承、邓小平、蔡树藩、李达、王树声

1940年4月初，为了统一太行、太岳、冀南三个区的领导，太行军政委员会成立，邓小平任书记。

百团大战，打破“囚笼”

从1939年9月起，日军在各抗日根据地推行所谓“囚笼政策”，即以“铁路为柱，公路为链，据点为锁”，在各个抗日根据地周围形成一个铁笼，然后以重兵对根据地进行“扫荡”，妄图消灭八路军，摧毁根据地。

到1940年初，日军不仅利用平汉线割断了山西同平原地区的联系，而且利用正太线割断了太行根据地和晋察冀根据地的联系。敌人还依靠这些交通线，向我敌后根据地轮番进行“扫荡”、蚕食，无所不用其极。

在这种情况下，如果还不采取有效措施，我军很有可能被困在几个孤立的山头上。

经研究，我军认为，要打破敌人的“囚笼政策”，只有在广阔的区域内对敌人来一次毁“柱”、砸“链”、破“锁”的破袭战，才有可能取得效果。

于是，1940年8月至12月，我军发动了一次大规模的军事行动——百团大战。

1940年春，一一五师政治委员聂荣臻来到八路军总部与一二九师领导交流经验。前排左起：聂荣臻、朱德、刘伯承、邓小平

刘邓亲自率领一二九师四十六个团参与了作战。

在5月进行的白晋战役中，他们彻底破坏白晋铁路五十公里，毁桥五十余座，炸毁敌军火车一列，毙伤敌人三百五十余人。

百团大战历时四个月，八路军先后动用一百零五个团参与作战。

百团大战共进行了一千八百四十二次大小战斗，毙伤日军二万零六百四十五人，其中大队长以上军官十八人，毙伤伪军五千一百五十五人；俘虏日军二百八十一人，伪军一万八千四百零七人，日军投诚四十八人，伪军反正一千五百四十五人；缴获各种枪支约六千支，炮五十三门，子弹约七十八万发，炮弹八百一十六枚，汽车九十八辆，粮食约百万斤；消灭据点二千九百九十三个，破坏铁路九百四十八里，公路三千余里，正太路中断四个月左右；同蒲路最多时一次中断十八天，后时断时通；平汉铁路在战争初期完全中断五天，后时断时通，并连续数月只白天运行，大约到12月中旬才开始夜间通车，等等。

百团大战，虽然取得了空前胜利，但我军的损失也相当惨重。我军阵亡五千八百九十人，负伤一万一千七百人，失踪三百零七人。

如此大规模的战役，这其中的艰苦可想而知。但最艰苦的恐怕是关家垴之战。

1940年10月，日军调集五个师团又十一个旅团的兵力，对我根据地发起"毁灭战"。在此之前，日军对我根据地进攻，用兵最多的是六万，只一次，三至五万的两次，一至二万的七次，万人以下的一百零九次。此次号称一百万，编入作战序列的部队二十三万，实际出动的约十五万。与著名的淞沪会战日军出动的兵力相差无几，而著名的台儿庄大战，日军的兵力只有四五万。

这次战役号称"毁灭战"，对此，日华北方面军司令部在命令中说："这次作战的目的，与过去完全相异，乃是在于求得完全歼灭八路军及八路军根据地内的人民。因此，凡是敌人区域内的人，不论男女老幼，应全部杀死，所有房屋，应一律烧毁，所有粮秣，其不能搬运的，亦一律烧毁，锅碗要一律打碎，井要一律埋死或下毒药……"这就是臭名昭著的"三光"政策的由来和最初的正式表述。

"毁灭战"于10月13日正式开始。打响后，彭德怀亲上前线视察了10来天，所到之处，惨不忍睹。10月29日或前一两天，彭德怀回到八路军总部。正在此时，日军的一个大队，兵员五百人，辎重和其他人员四百人，窜至距八路军总部所在地武乡砖壁村仅十来里路的一个军事要地关家垴。为毁灭敌人的"毁灭战"，怒不可遏的彭德怀下令歼灭这支身边的敌人。

这一仗由一二九师头号大将陈赓主打，刘邓首长亲临前线指挥，彭德怀、左权和仍保留一二九师副师长职务但已调往山东的徐向前也来到前线。

10月30日凌晨4点，进攻开始。不料，很少夜战的日军竟先下手为强，反而在此时攻占了我军的柳树垴阵地。这不但打乱了我军的步骤，而且使关家垴有了一个呼应的阵地。

上午9时许，敌机前来助战，每次三四架，轮番向我阵地轰炸。日军一批二千五百人，一批一千多人分别从辽县、武乡和黎城、潞城方向前来增援。我军虽有两个旅的阻击兵力，但还是不够，又从关家垴战场抽了一个团去阻击。

10月30日，我军先后发动了十八次进攻，最终只攻破了敌军的第一道防线。

关家垴久攻不下，我军伤亡很大，十六团团长、1931年参加红军的谢家庆牺牲。

陈赓开始犹豫起来，向彭德怀提出了一个大问题："现在拼光了，以后怎么办?"

1940年彭德怀在前线指挥百团大战

彭德怀坚定地回答说："拼光了也要把关家垴拿下!"

10月31日，我军再次攻打关家垴。彭德怀这个勇猛的老兵来到距敌军阵地仅五百米的战壕，探出身子，用望远镜观察战情。

我军伤亡仍在增加，其中七七二团的一个连只剩下三名战士。

陈赓几乎是哭着向刘邓报告，前线有些顶不住了。一向宽厚温和的刘伯承有些火了，大声地要求陈赓坚持。一向沉默寡言的邓小平接过电话，十分严肃地说："同志！全局！全局！要从全局出发，不惜一切代价地坚决拿下来！打大仗不可能无伤亡，要把火力组织好，一鼓作气，减少伤亡。"

下午4时许，彭德怀亲自下令猛攻，并将八路军总部的特务连也派上了前线。这个连，百分之九十的人是老红军，个个都是枪法好、摔打拼搏有绝招的英雄好汉。这股顽敌终于被歼灭。

日军此次气势汹汹发动"毁灭战"，一个基本估计是我军在经过两个多月的百团大战后必定疲惫。不料，八路军竟然仍有一举歼灭一个大队并同时阻击三四千兵力和抗击飞机不断轰炸的能力。于是，日军的"毁灭战"，于11月2日草草收场。

关家垴一役，我军虽伤亡六百余人，但极大地减少了根据地的损失，这就是邓小平所说的"大局"、"全局"。

陈赓不仅是一名以机智著称的大将，而且是中共领袖们的一员爱将，可以走到主席台上拿起毛泽东的杯子喝茶，也可以和十分严肃而且脾气大的彭德怀开开玩笑。

此役之后，一二九师的参谋人员却说，陈赓谁也不怕，就怕邓小平。

百团大战，再次重挫了敌人的锐气，成功地粉碎了日军的"囚笼政策"。

在这三个多月的时间里，刘邓亲临战斗的第一线，亲临战场指挥作战。

再艰苦的行军，再恶劣的环境，再危险的战事，刘邓与战士们都同吃同住、同甘共苦。

就是在这种险象环生的情况下，一有机会，邓小平还是会及时召集开会，作报告，讲局势，讲政策，鼓励和教育战士。

执法如山，树军威；和蔼平易，似亲人

其实，在一二九师怕邓小平的岂止陈赓一人。

邓小平对待军纪的严明，在原则问题上的坚持，足以令所有人敬畏。但他对下属和战士的关心与爱护，则让人如沐春风，不是亲人胜似亲人。

张秀山在《在一次军人大会上》一文中回忆到：

1938年1月，上级向我们传达中央的决定，一二九师政治委员张浩同志调延安工作，邓小平同志继任一二九师政治委员，就从这个时候起，八年时间我一直在他的领导下工作。

小平同志来一二九师以后，我第一次见到他并听到他的讲话是在一次军人大会上，师政治委员在军人大会上讲话是很罕见的。表明这绝不是一次普通的军人大会，而是一次很重要的会议。

会场设在辽县（今左权县）城外我们驻地西河头对面的清漳河的河滩上。天气还很冷，河滩边的杨树都还未抽芽。寒冷的风，摇曳着树梢。大家排成几个纵队站着开会。

会议内容是宣布处决一个奸污妇女的老战士。先由政治部军法处的同志宣讲这个战士的犯罪经过，并宣读了处决书。之后就由小平同志讲话。

看来，小平同志似已听到过一些认为这个判决过重的反映。因此他着重地讲清楚不能不这样处理的道理。他说：

"当地群众听到我们要处决这个战士的消息以后，曾经来政治部说情要求轻判。但是不论群众怎样求情，我们是不能宽容这个犯罪的战士的。我们共产党领导的八路军同军阀队伍最大的区别之一，就是纪律严明，决不允许侵犯群众利益。只有做到这样，我们才能得到群众的爱戴，才能在敌后生存。"

小平同志还说："老百姓历来怕当兵的，山西的统治者过去还向群众灌输过共产党红军是多么可恶，多么可怕。为了让群众真正了解我们八路军的真面目，它完全不同于旧军队，那就需要用我们的实际模范行动，来打动群众。应该说，自从出师以来，我们部队的纪律是好的，已经初步得到了群众的信任，但是决不能因此而懈怠，这次奸污妇女的事件，虽然是一个战士的犯罪，但一传开，就会对我军造成很坏的影响，并会破坏我们这几个月来好不容易在群众中树立的好印象。所以尽管有群众代表来部队求情，我们也决不能心软，一定要严肃地处理这件事。"

小平同志还号召大家，一定要从这件事情中吸取教训，严明群众纪律，遵守三大纪律八项注意，不愧为革命军人。

小平同志的话讲得很严厉，语气也很沉重，显示出他对破坏群众纪律的罪行处理得很果断。但说实话，当刚听完判决书的时候，我也觉得似乎判得重了一些，但在听了小平同志的讲话，又仔细地想了一想以后，感到确实非如此判决不行。记得1936年春季，红军从陕西东渡黄河，抵达侯马一带。当时山西军阀阎锡山恐慌万状，就拼命污蔑红军，向群众灌输反共思想，并在山西全境组织了名为“公道团”，实为“反共团”的反动组织。至今这个组织还依然存在。因此要揭露山西当局的欺骗造谣，扭转群众对共产党的认识和维护共产党的威望，对于这个战士的犯罪，就非如此判决不可。

小平同志紧紧地抓住这次事件，亲自出席军人大会，对指战员进行一次深入的教育，这对于整饬全师的群众纪律，是大有作用的。

由赵德荣整理，王兴芳口述的《邓政委教我爱人民》一文中写道：

那是在抗战初期的山西阳城县县城。我作为邓小平政委的马夫，骑着他的战马上了街。街上的群众见我是八路军战士，纷纷让路，还微笑着向我致意。邓政委即将奔赴延安开会，为使他顺利赶路，我要到马店给这匹战马挂掌。

因一时高兴，我在县城的街道上信马奔驰起来，马过弯道，昂然奋蹄，“叭”的一声，似乎什么东西被它掀倒在地。我没在意，继续纵马。

当我给马挂好掌，迅速赶回到邓政委身边时，邓政委严厉地命令我：

“王兴芳，下来！”

怎么，刚才还露着微笑的邓政委，现在竟铁青着脸？

只见他恼怒地盯着我说：“你干的好事，骑马儿过街，撞坏了老百姓，知道吗？”

“啊？”我大吃一惊。

原来，刚才马过弯道时掀翻的竟是一位老大娘，满街的老百姓议论纷纷，传到了邓政委耳朵里。但是当我得知老大娘伤势不重时，又松了口气。这有啥了不起，我这是为快点完成任务，不耽搁首长您赴延安开会的时间啊，值得您大动肝火吗？我嘟起嘴，既不回答，也不申辩。

邓政委见我这神态，转换口气说：“现在是团结抗战的时候，人民一心向往的是共产党，你是共产党领导的一个八路军战士，这样对待群众，影响多不好！我们来自人民，是人民的军队。人民是水，我们是鱼，八路军离不开人民，正像鱼离不开水一样。小伙子，要爱护人民啊，如果我们不爱护人民，人民就不会拥护我们，我们也就会成为无源之水、无本之木的山间草寇。到了那一步，不要说打日本，恐怕自身都难保哇，这些严重后果，你想过吗？”

这番话触动了我的神经，我自责起来：王兴芳啊王兴芳，你从小死了爹娘，是数不清的穷人把你拉扯大的。你在川陕苏区打仗负伤，是群众一口奶水一口鸡汤将你救活的。长征路上，你陷进了烂泥坑，好心的藏族老阿爷为救你献出了生命！你怎么全忘了！

我流着泪，请求说：“邓政委，我错了，处分我吧。”

“不！你应当到当地公安部门去，由他们处理。还应该给群众赔情道歉。我这儿有几元钱，你也带上，给老大娘作医药费。”邓政委从口袋里掏出钱来。

这钱是他去延安的路费啊，全部拿给别人，如何赶路？

我不接钱，邓政委一把将钱放进我手里说：“快去给大娘治伤。”

说完，他跨上战马走了。

我久久地凝望着他远去的身影……

邓小平对于战士们犯的一些错误，也并不是愤怒和指责，而常常用他宽广的胸怀与和言细语进行教导。

他的一位战友回忆：

1938年4月，邓小平政委来到一二九师前方指挥部所在地的道沟村之后，经常到司令部作战室去了解各方面的情况。

这时，刘伯承师长指示作战科的参谋，每天都要向邓政委汇报情况，所有从山东方面、冀南方面、山西方面来的报告（包括敌情、我情、友情，我情中又包括地方武装的发展情况和作战情况）都必须立即送邓政委批阅。刘邓首长批阅文电都十分认真及时，有了问题随时商量，从不耽搁。每份批复，都是根据刘师长、邓政委的批示拟定，再经刘邓审定签署后送交机要科用电报发出。当时参谋人员少，作战科的工作量大，每天都要忙到深夜，甚至通宵工作。

这段时间发生了一件事。一天，苟元书在作战室值班，有一份作战命令要立即送到三八六旅，内容是刘邓首长命令三八六旅从平汉铁路西侧向南横扫。

作为急件，苟元书命两个骑兵通信员，火速送往三八六旅。

通信员领命，即刻起程。途经营头村，这里有供给部的采购站。两个通信员下马要了些烟吸，吸完后又驱马狂奔。

第二天上午8点，两名通信员准时赶到三八六旅驻地。但要他们专递的绝密件却找不到了。文件不翼而飞，十万火急！

陈赓立即通过电话把此事报告了刘伯承。

“文件绝不能落到敌人手里。”

邓小平政委指示：“要参谋带上通信员沿路查找，要通信员想想可能丢在什么地方？”

参谋处长李达立即命令苟元书带两名通信员出发，并交代说：“到营头村时，到供给部的采购站看看。”

一路上他们认真寻找。苟元书的心中更是忐忑不安。到了营头村的采购站，一进门，张科长就说：“你们可来了！”他手里拿着文件，又说：“昨天我发现了这密件就去追，可人早没影儿了。”

苟元书接过文件仔细察看，见原封未动，一颗悬着的心才算落了地。他向张科长道过谢，就飞马赶到三八六旅旅部。

陈赓接过文件，瞪着苟元书他们：“你们耽误了我们七八个小时。”

苟元书没敢言语，也不敢休息，马上带着那两个通信员往回赶。

晚上8点，苟元书回到师部。

“看你出了多大的乱子！这样重要的绝密文件，你为什么不亲自送？”刘伯承师长严厉的目光直逼苟元书。

屋里静得连掉根针也听得见，苟元书笔直地站着，低着头，好像连气也不敢出。

刘伯承和邓小平交换了一下眼色，语气缓和了一些：“没有泄密是幸事。找回文件你也出力了，处分可以免了，但教训是严重的。”

“参谋同志年轻，缺乏经验，这事对每个参谋人员都是一个重要的教训。”邓政委语重心长地说：“最主要的教训是每个工作人员都要有高度的责任心!"

说着，他又转身对李达处长说："这事你也有责任，平时检查督促不严。"

李达表示诚恳接受批评。

接着，李达叫来通信连长，让他将丢失绝密文件的通信员关禁闭一天，以示惩戒。这时，邓政委用商量的口气对李达说："发生这样的事还是第一次，是不是这一次主要是进行教育，禁闭就不关了?"

李达点头笑道："既然政委讲情，那就算了。"

邓小平处事的严谨，为人的宽厚给人印象深刻。

抗战初期，一二九师之所以能迅速地壮大，之所以能将背景如此复杂的一群工人、农民、知识青年甚至地方"土匪"以及老中青革命者统一在一支部队当中，关键之一就在于邓小平实施了严格的军纪、合理的统驭以及深入细致的思想政治工作。

他的言行、做事风格也教育和感染了一二九师的官兵，使他们事隔几十年，仍印象深刻。

卡尔逊说，邓小平的"头脑像芥末一样灵敏"

1938年7月16日，作为八路军一二九师政治委员的邓小平，会同副师长徐向前，在师部驻地（河北省南宫县）会见了来中国进行考察的美国海军陆战队上校军官、美国驻华大使馆参赞伊·福·卡尔逊，向他介绍了冀南抗日根据地的情况。

卡尔逊回去后，在他的一本书中记述了这次会见的情景以及他对邓小平的印象。卡尔逊这样写道：

经过5天的艰难旅行，我们来到了南宫。很高兴再次见到徐向前，他还像我们在辽城见面时一样的谦和、笑容可掬，但是他瘦了，看上去很疲倦。

这是一个水果之乡，我们停留的两天，在谈话时，小鬼们就端来桃子、梨和苹果。朱德的副政委邓小平正在这里视察，他也参加了谈话。

这里有冀中地区缺少的一种沉着的信念。我分析其中的差别，断定这是由于这里的领导人不露声色的自信。这些八路军坚信自己。在为生存而斗争的漫长岁月里，他们考虑了社会、经济和政治的全盘问题。他们的想法明确、清晰，对自己的军事战略和运用它的能力深信不疑。

被称作冀南的地区位于冀中南部边界的公路以南，平汉铁路以东和山东境内的大运河以西之间。这个南部边界刚好是大名以北一线，在这里，河北省的版图变窄，形成一个锅把，一直延伸到黄河。这个地区大约有8000平方英里。

日本人曾一度占领了从东到西横贯这一地区、连接两条铁路的一条公路，老百姓可是遭了殃。日本人向前推进时，中国的正规军丢下老百姓撤到南边去了。有些人当了土匪，另一些人想组织起来保卫家乡，但是他们没有基本的计划，力量也很分散。

徐告诉我说："那是在9月，这个地区一些城镇的代表来到我们师在辽城的司令部，请求帮助他们组织游击队。当时我们在山西正忙得不可开交，只派了三个受过训练的人员，未携带武器同他们一起回去。几周后，又派了24人，到了1月，调去了四个连的部队。这些人马足以组织巨鹿和南宫的老百姓，为我们在这儿建立了一个根据地。3月，宋任穷带来了一个骑兵团，扩大了根据地的范围。4月在上党堡打败了日本鬼子之后，我带着主力部队来到了这里。"

"你们怎么在上党堡打败日本人的？"我问。

他回答说："那是3月31日，大约3000日本兵的一个纵队随同一列载有180辆卡车的火车向前推进，通过一个关口进入山西。我们突然攻击其侧翼，打死了近千日本兵。最精彩的是我们烧毁了他们的全部卡车。"

在我们谈话时，邓小平一直在吃着水果。这时他向后靠在椅背上，活跃地谈了起来。

他说："抗日救国十大纲领是：1. 打倒日本帝国主义；2. 全国军事的总动员；3. 全国人民的总动员；4. 改革政治机构；5. 抗日的对外政策；6. 战时的财政经济政策；7. 改良人民生活；8. 抗日的教育

政策；9. 肃清汉奸卖国贼亲日派，巩固后方；10. 抗日的民族团结。”

他列举这些纲领时，我暗自用在山西和河北观察的事实一一对照。我看到了应用每一条纲领的实际事例。自从离开晋西的黄河以来，我所到之处都在强调发展统一战线。

雨季开始了，瓢泼大雨下了两天，延误了我们的行程。这也使我有更多机会与徐、邓二人交谈。

参加八路军以前，邓是个工人。他在法国待了几年，考察那里的工人运动。他矮而胖，身体很结实，头脑像芥末一样灵敏。

一天下午我们讨论了国际政治的整个领域，他掌握情况的广度使我吃惊。有一件新闻弄得我目瞪口呆。

他说：“去年，美国向日本人提供了他们从国外购进的武器的一半以上。”

“你能肯定吗?”我问。我知道，美国人的同情是偏向受侵略的中国一方的，我在内地访问的 8 个月中，当想到这个问题时，总是想当然地认为，美国人民会拒绝把战争物资卖给一个侵略国家的。多么极端的无知啊!

“是的，”他肯定地对我说，“消息来源是战争第一年年底美国的新闻电讯。”

我很尴尬，我说：“必是电讯搞错了。”我不能相信美国人会有意地介入我在过去一年中看到的中国人遭受的屠杀和蹂躏。

徐向前走了进来，谈话转到了当地的形势。我向他打听这个地区的现状。

日军只占据铁路沿线的城镇和我们南边的大名。这一带的土匪已经消灭，但是南面可不大妙。还好，大名与黄河间的五个县有个不错的领导人。他叫丁树本。我们给了他一些帮助。

他想知道我打算如何回到汉口去。

“我想在山东了解一些情况。”我回答，“然后希望能找到一条穿过黄河和郑州以西地区的路线。”

“如果你难以找到护送部队，就再回到这儿来，”他说，“我总能想方设法让你通过的。”后来，我用上了他的许诺。

共同的革命志向，成就了邓小平与卓琳的美满婚姻

1939年的8月至11月，邓小平暂别烽火连天的抗日前线，到延安参加政治局扩大会议。

在延安，邓小平和他的老战友邓发住在一个窑洞里。邓发和邓小平关系很亲密，一心一意要帮助邓小平找一位妻子。

9月初，邓小平在邓发和其他朋友、战友的热心帮助下，遇到了从北京大学投奔到延安来的女青年——卓琳。此时，邓小平35岁，卓琳23岁。

卓琳，本名浦琼英，1916年4月生于云南省宣威县一个工商业家庭。她父亲叫浦在廷，是云南著名的"火腿大王"。卓琳有三个哥哥和三个姐姐，她是最小的一个，从小就是父母的掌上明珠。1932年考入北平第一女子中学。1936年考入北京大学物理系。抗日战争爆发后，于1937年11月到达延安，入陕北公学学习。1938年初加入中国共产党。这时，因工作需要，改名为卓琳。

毛毛的笔下是这样描述她妈妈的：

> 浦琼英长得可能多几分像她的爸爸，健康的肤色中，脸蛋红红的，好像阳光下的苹果。两条又黑又浓的长眉，像两道拱门弯在额下。一双眼睛大大的，眼皮双双的，睫毛长长的。笑起来，又开心，又无拘无束，很是讨人喜欢。
>
> 自打生来的那一天起，她便吃得饱，穿得暖，万事不用操心。因为上有父亲的庇荫和母亲的偏爱，下有兄长们的呵护和姐姐们的陪伴。这种优裕的生活，使她从小养成了一种开朗，活泼，凡事不用计较，又不善盘算的性格。唯一美中不足的是，受宠的人嘛，总不免有点娇蛮。她的大姐浦代英看不惯，有时也会背着父母，"整"她一下。

浦琼英小学毕业后，考入昆明女中，接受中学教育。1932年，她又考入了北平第一女子中学。

浦琼英在北平女一中读书期间，和同学们一起参加了"一二·九"和

“一二·一六”两次学生运动。这两次学生运动，使她思想上产生了质的飞跃，上升到更开阔的政治、思想领域，为她在不久的将来走上革命道路，奠定了基础。

1936年，浦琼英中学毕业，以优异成绩考上了北京大学物理系。

1937年7月7日，卢沟桥事变后，浦琼英同其他许多进步青年一起，选择了一条投奔延安，投奔八路军，投奔革命的道路。

邓小平和卓琳

浦琼英到陕北延安后考入陕北公学。这所学校是1937年9月成立的，专门招收来自全国各地的进步青年，为党培养干部。浦琼英在这个学校毕业后，被分配到陕北公学的图书馆工作。1938年加入中国共产党。之后，被调到陕甘宁特区政府保安处的一个特别训练班学习，准备以后派到敌后去做秘密工作。这时，因工作需要，浦琼英改名为卓琳。这时的卓琳，已从一个活泼乐天、不知愁苦的青年，转变为一个把自己的终生奉献给革命事业的共产主义战士和一名矢志不渝的革命工作者了。

在延安，卓琳与邓小平在一个偶然的机会相识了。邓小平的传奇经历和才华深深地敲开了卓琳少女的心，他们很快就坠入了爱河。

1939年9月初的一个傍晚，邓小平与卓琳的婚礼，在延安杨家岭毛泽东住的窑洞前举行。

当时在延安的中央高级领导人，包括毛泽东、刘少奇、张闻天和夫人刘英、博古、李富春和夫人蔡畅等都参加了。

在延安杨家岭毛泽东的窑洞前，中国共产党和八路军的这些老战士们，以淳情朴素的方式，为他们的老战友操办了婚事，也为将要赴前线的战友举杯送行。

几天以后，邓小平和新婚的妻子一起起程，奔赴前方，奔向太行山。

1939 年 9 月，邓小平、卓琳，孔原、许明在延安举行了简朴的婚礼。这是两对新人结婚时的合影

进入太行山，到达八路军总部后，卓琳留下担任妇女训练班的队长。邓小平担任着八路军一二九师政委职务，因而没有停留，立即赶往一二九师师部所在地——辽县桐峪村。

新婚离别，不免增添几分惆怅。但是，共同的革命理想和信念，将夫妻二人的心紧紧连接在一起。他们战斗在各自的岗位上，接受战争的洗礼。

邓小平一回到一二九师师部，便立即投入到紧张的作战指挥中去。

卓琳所在的八路军总部，虽说是机关，但是在太行山上，仍然时常要接受枪林弹雨的考验。她毫不畏惧地跟随机关和部队一起行军、转战、反“扫荡”。

1940年，邓小平所在的太行山区，被日本侵略军多次“围剿”，处境艰难。这时候，卓琳从八路军总部来到邓小平的身边，被分配到一二九师师部秘书科工作。

自与邓小平结婚后，卓琳还没有机会履行妻子的责任。直到这次夫妻团圆了，她才有机会照顾邓小平的生活，协助他的工作。

此后，他们一起行军、打仗。虽然因战事紧张时而汇合，时而分离。但无论怎样，他们总算有了一个家。

到邓小平去世，这个家，走过了几十个春秋。

卓琳，作为这个家庭的女主人，作为邓小平心爱的妻子，她伴随着丈夫走过他几十年的革命生涯。

她随他住进了紫禁城，也随他住进过“牛棚”；她因他而快乐、幸福，也因他而辛酸、悲痛。

但，她从来没有后悔过。

她深深地理解自己的丈夫，更深深地爱着他。

共同的革命信念，使她深信邓小平，即使在邓小平蒙受屈辱的日子里，她也从来没有怀疑过他。

这个家，在邓小平看来，是温馨而幸福的，是他的避风之港。

这个家，更是一个革命的家庭，是她默默的奉献与支持，伴随着邓小平披荆斩棘，走向了革命事业的巅峰。

第九章　抗战最艰苦的岁月

冬天来了，春天还会远吗

1940 年末，小平同志在中共北方局出版的《党的生活》第 26、第 27 期合刊上，发表了一篇题为《迎接一九四一年》的文章。文章回顾了即将过去的一年是一二九师战斗最多、胜利最大的一年。也预计了即将到来的 1941 年，则是中国抗日战争更加困难，然而也更加接近胜利的一年。

正如小平同志预料的那样，太行山敌后抗日根据地的对敌斗争，从 1941 年初起进入了严重的困难阶段。

1941 年，自卢沟桥事变以来，中国的八年抗战已进入了第四个年头。

虽然，我民族抗日阵营不断发展壮大，但敌强我弱的形势仍然存在。在经历了百团大战的惨败之后，日军调兵遣将，准备对我根据地实施更为残酷的“扫荡”和“蚕食”，要把共产党的抗日力量置于死地。

而此时的国民党蒋介石，虽拥兵五十万却拒不抗日，反而肆无忌惮地向共产党的抗日根据地发动进攻，对共产党军队和干部制造了一系列惨无人道的迫害事件。

蒋介石的罪恶行径在中华民族的抗日战争史上写下极不光彩的一页。

在这种腹背受敌的情况下，我抗日根据地日益缩小，加上天灾造成的农业歉收，使军民的生存面临危机。

中华民族的抗日战争，进入了空前的艰难时期。

但是，不管是日本侵略者的野蛮侵略，还是国民党顽固派消极抗战、积极反共的卑劣行径，都没有也不能够阻挡共产党军队的抗战决心。

在春季、夏季“扫荡”中，日本侵略军对华北各抗日民主根据地进行反复“清剿”，继续实行了烧光、杀光、抢光的“三光政策”。仅在沙区 140 多个村庄，即屠杀中国群众3400人，在15个村庄把村民们赖以生活的五万株枣树砍伐殆尽，烧毁村民住房无以数计……

面对困难局面，刘邓领导一二九师艰难地承受着战争的考验，坚持抗日根据地的对敌斗争。

4月28日，结合中共中央关于进行以政治攻势和军事进攻相结合的反“蚕食”斗争的号召，针对一些同志在对敌斗争中表现出的严重退缩和右倾情绪、恐日情绪，小平同志于1941年4月撰写了一篇比较著名的文章，这就是《反对麻木，打开太行区的严重局面》，后来分别发表在《抗日战场》和《党的生活》杂志上。文章首先说明：晋冀豫边区无论在军事、政治以及党和群众工作方面都有了相当基础，足以使敌伪胆寒，更使全体军民具有充分的信心走向抗战胜利的道路。与此同时，文章也根据太行区出现的“敌占区日益扩大，抗战区日益缩小的严重局面”，实事求是地指出：“革命者的责任，不是掩饰局势的严重性来麻痹自己，而是以足够的警惕性去认识这种严重性，寻求形成严重性的根源，并提出克服严重局面的办法。”这就必须反对麻木不仁和惊惶失措的右倾情绪，团结一致，正视困难，面向敌人，面向交通线，展开顽强的对敌斗争，反对关起门来建设。只要我们认识了困难，我们就能够克服困难，只要我们懂得了局面的严重，我们就能够改变这个局面。

该文用朴实的语言，简单明了地讲困难，讲胜利条件，讲必胜信心，通俗易懂。这篇文章发表以后，引起了很大反响。

5月底，一二九师连续下达命令，要求健全和强化游击集团，积极开展游击战争，巩固根据地。同时，主动开展了多次对敌军的破击战。

1941年下半年，侵华日军又采取了“铁壁合围”“梳篦清剿”的残酷作战方式，长时间地、更大规模地对共产党华北抗日民主根据地进行疯狂“扫荡”。

面对日本侵略军疯狂而又频繁的大规模“扫荡”，八路军一二九师在刘邓率领下，一面领导群众进行坚壁清野，坚持内线游击战，一方面组织主力部队和地方武装，对敌进行大小破击战和反“扫荡”作战。在前所未有的强大敌人残暴“扫荡”下，保存了主力，坚持了抗日根据地，同时还数次反击了国民党顽固派阎锡山从另一个方面的进犯。

1941年，我华北敌后军民，共粉碎敌军千人以上的“扫荡”六十九次，万人至七万人的大“扫荡”九次，以及三次“强化治安运动”，初步打破了日军对我抗日根据地的“蚕食”和分割、封锁。

但是，在日军的强大攻势下，我抗日根据地的面积缩小，八路军的兵力下降，根据地的财政经济也极端困难。

就是在这样一种异常艰难困苦的情况下，为了适应新的战争形势，中共中央指示各根据地实行“精兵简政”。

精兵简政，是我抗日根据地实行的一项极其重要的措施，而太行区抗日根据地的精兵简政工作，尤其重要。

太行区是华北敌后抗日根据地中领导机关最集中的地区。在这里有中共中央北方局太行分局、边区政府、边区参议会及其直属单位、一二九师师部及直属部队，还有领导和指挥华北抗日战争的中共中央北方局、八路军前方总部及其直属机关。这些单位的给养供应，大部分由太行区人民负担。1941 年以后，由于战争日益残酷，根据地面积缩小，人民的负担越来越重。太行区“鱼大水少”局面难以支撑，所以精兵简政对于太行革命根据地能否巩固、敌后抗战能否长期坚持至关重要。

在这种情况下，一二九师和晋冀鲁豫边区共进行了三次大的精简。

邓小平告诫一二九师的全体指战员：比较起来，我们根据地的同胞比敌占区的同胞的负担要轻得多。但是，由于长年不断的战争和日本强盗的掠夺，这些天灾人祸，使根据地人民生活十分困难。我们是人民的军队，应该特别关心民间疾苦，厉行精兵简政，减轻人民负担，人民才能更好地支援我们打击日本侵略者。

由于刘邓对精简工作的高度重视，精简工作顺利完成，部队加强了战斗力，基层领导工作的力量得到了充实，节约了人力和财力，减轻了人民的负担。同时，精简了机关，提高了工作效率，克服了官僚主义。这些都为适应新的、更加艰苦的作战形势做好了准备。

毛泽东高度赞扬了晋冀鲁豫边区的精兵简政工作。他说：“晋冀鲁豫边区的领导同志，对这项工作抓得很紧，做出了精兵简政的模范例子。”

1942 年 1 月 13 日，八路军总部命令太行、太岳两军区所属部队努力生产，克服困难。

这是抗日根据地人民最困难的时期，上一年中，敌人对根据地连续地、大规模地进行了名目繁多、手段残酷的大“扫荡”，不断“蚕食”根据地和掠夺根据地人民，在推行强化治安和“扫荡”中，实行“三光”政策，甚至采用在井水和锅里下毒的凶残作法，对根据地军民实行封锁。

地下有敌人，天上也有敌人。加上在这一年中，水、旱、虫、雹等自然灾害也助纣为虐，连续发生。

日本侵略军的卑劣行径，激起了根据地人民的无比愤怒，也唤起了人民群众对八路军的无比热爱。

在太行山，有的军队干部，每餐只得五根缺盐的萝卜条，连带壳的小米饭也吃不饱。老百姓看着心疼，提着小篮子送来了他们极少的储存：柿子皮，还有玉米馍。这些，已是老百姓们仅剩的最好的东西了。

当年的晋冀鲁豫边区政府副主席戎子和回忆：

在最困难的时候，干部的口粮从每天一斤半小米减少到七两，我的体重从一百二十五斤减到一百斤。一次小平同志约边区杨秀峰、我和李一清同志谈工作，我和李一清由于精力不足，就打起了瞌睡。小平同志看到眼里，触动心情，当面就告诉杨秀峰同志。边区政府厅一级的干部，一个月的津贴增加到十元。

一个厅级干部的津贴增加到十元钱，也解决不了根本问题呀！怎么办？总不能活活被敌人困死吧！

刘邓号召晋冀鲁豫边区各根据地开展大生产运动。邓小平政委亲自作了动员报告。

当时根据地军民的抗日情绪十分高涨，一动员开展大生产，各根据地便纷纷响应，连一二九师师部的干部都争先恐后地要求参加开荒队，以反击敌人的“三光”政策。

刘伯承的夫人汪荣华和邓小平的夫人卓琳，负责开荒队女同志的报名工作。汪荣华和卓琳，带着女同志们，和男同志一起上山开荒。

就这样，握笔的机关干部，扛枪的八路军战士，转眼又都扛起了锄头，干起了农活。

由于实行精兵简政，我军“身体小了”，灵活机动了，于是大胆采用了“敌进我进”的作战方式（即敌向我根据地进攻，我则向敌后方进攻）。

在一年的艰苦卓绝的反“扫荡”战斗中，坚决地打击日军，采用灵活多样的游击战术打击日军，并积极开展了一系列的对敌政治攻势，用主力军、地方军和民兵三结合的武装力量体制，有效地粉碎了日军的反复“扫荡”。

在反“扫荡”的残酷战争中，当然也不乏惊险场面。

邓小平在作动员报告

在6月的“扫荡”中，一次敌军一部突然袭来，包围了我一二九师部，险情顿生。刘伯承镇定自若，从容指挥，利用熟知地形和敌情的条件，趁着入夜时分，一下子跳出了敌人的包围圈，接着连续突围后，化险为夷，安全撤出。跟着突击出去的，有刘的夫人汪荣华，邓的夫人卓琳，黄镇的夫人朱琳，等等。

还有一次，是一二九师师部向东转移时，在涉县的东面塔城与日军遭遇了。当时师部机关和边区政府都较庞大，部队只有警卫连、通信连和一个电台中队，敌人已经合围。机关上山后由大路转入小道，行动更慢了。刘伯承师长的一只眼睛正在发炎。邓政委指挥着警卫连抗击敌人，掩护师部转移。他在阵地上一坐，把那把日本战刀使劲朝地上一插，说：“老子不走了，顶着打!”战士们在邓政委的鼓舞下，奋勇阻击，终于使师部安全转移。

冬天来了，春天还会远吗?

1942年，在太行山上，由于及时、有效采取了精兵简政和生产这两项大的措施，晋冀鲁豫边区军民坚决地战胜了日本侵略军更加疯狂的无数次大小“扫荡”。

刘邓说：“不要只看到敌人气势汹汹，其实是外强中干，黄泥巴菩萨过河。”

1942年年末来到了，最艰苦困难的一年就要过去了。

太行山人，依然屹立在太行山上!

12月16日，一二九师为他们的师长刘伯承庆祝五十大寿。

中共中央发来了贺电，朱德、彭德怀写了祝贺诗。各地各处送来了贺电贺信，涉县的群众代表也送来了寿礼。一二九师政委邓小平、参谋长李达、政治部主任蔡树藩、政治部副主任黄镇出席了大会。

在祝寿大会上，邓小平发表了热情洋溢、感情深厚的长篇祝寿词。

他说："热爱国家，热爱人民，热爱自己的党，是一个共产党员必须具备的优良品质。我们的伯承同志不但具备了这些品质，而且把他的全部精力献给了国家、人民和自己的党。……在整个革命过程中，他建立了不可磨灭的功绩。……五年来，我们生活在一块，工作在一块。我们之间感情是很融洽的，工作关系是非常协调的。……在伯承同志五十寿辰的时候，我祝福他健康，祝福我们共同努力的事业胜利!"

1941 年和 1942 年，对于坚持在华北敌后坚持抗战的八路军来说，是八年抗战中最为艰苦卓绝的两年。至今太行山人回忆起来，对于这两年间那残酷的战争和非同寻常的艰苦，仍然记忆犹新，深刻难忘。

集党、政、军大权于一身的 39 岁的中共中央北方局代理书记

最为艰苦的 1941 年和 1942 年，终于过去了。

1943 年，国际反法西斯战争的节节胜利，也使中国的抗日战争开始走出"寒冬"。

这年 2 月，在太平洋战场上，美军攻占瓜达尔卡纳尔岛，进入战略反攻，日军则仓皇转入战略防御阶段。

日本军队在太平洋战场上的失利和在中国战场上所进行的旷日持久的消耗战，加剧了日本国内的矛盾。日本民众和士兵的反战情绪日益高涨。

面对这种局面，日军更加急于结束对华的侵略战争，以便从中国战场抽调兵力用于太平洋战场。

在这种形势下，毛泽东迅速而准确地作出英明预测：希特勒总崩溃已为期不远，中国的时局将好转，我们应利用这种形势，鼓励军心民心，达到坚持的目的。但是，整个抗战尚须准备两年，要想尽办法熬过两年。

1943 年 1 月 25 日至 2 月 20 日，中共太行分局在河南涉县（现属河北省）

召开了高级干部会议。分局所属的太行、太岳、冀晋豫、冀南以及所属根据地抗日民主政权的各军政首长参加了会议。

会议地点是在涉县的温村一所教堂里召开的。

温村会议由邓小平主持，在会上邓小平作了《五年来对敌斗争的概略总结与今后对敌斗争的方针》报告。

报告全面系统地总结了 1937 年至 1942 年以来，华北抗日根据地军民对敌斗争的经验教训，明确地提出了巩固太行抗日根据地的方针，即“削弱敌人，保存自己，隐蔽力量，准备反攻”。全面地阐发了关于巩固抗日根据地，积蓄力量准备反攻的重要思想。

温村会议，确定了今后工作的方针，是晋冀鲁豫区进入恢复与再发展阶段的重要标志。

1943 年 10 月，根据党中央通知精神，彭德怀、刘伯承等同志离开太行区赴延安参加中共七大。中共北方局与中共太行分局合并，保留北方局，由小平同志代理书记。“集总”（即八路军总部）机关与一二九师师部合并，保留一二九师番号。

晋冀鲁豫解放区军事地理简图

此时，39 岁的邓小平，一人便担负起了八路军总部、中共北方局和一二九师的三重重任，集党、政、军大权于一身，邓小平的担子更重了，他开始独立领导根据地的斗争。

10月1日，中共中央政治局发出了《关于减租、生产、拥政爱民及宣传十大政策的指示》，这是邓小平走马上任后收到的第一份文件。12日，邓小平主持召开上任后的第一次北方局委员会。讨论如何宣传和执行中央的十大政策问题。他认为，十大政策是根据地今后工作的基本指导方针。当前的任务是强化对敌斗争，开展大生产运动、减租减息和救灾工作。同时，要抓紧进行整风工作，将生产和整风实行两手抓。

当时敌人对晋冀鲁豫边区的经济进攻，不亚于其军事进攻。他们妄图从经济上瓦解根据地的抗战。边区军民一方面集中力量展开对敌反蚕食斗争，一方面与天灾搏斗。1942、1943两年连续发生了50年罕见的旱灾，平均只达常年的二至三成收成，个别地方颗粒无收。1943、1944两年发生波及大半个边区的、毁灭性的蝗灾。1943年8、9月又降暴雨。清、浊漳河两岸冲走大量滩地，不少县区一片汪洋，淹没村庄三四千个。

面对严重的自然灾害，敌人乘机造谣破坏。灾区部分干部和灾民也产生了一些消极、悲观情绪。市场物价大幅波动，社会动荡，人心不定。

我军的处境，十分艰难。

面对严峻形势，邓小平指出："这是几年来最困难的关头……我们救灾的办法，除了部分的社会互济以外，基本上是靠生产。"中共中央北方局、太行分局、八路军前方总部、一二九师师部等党政领导机关，先后发出救灾的决定和指示，在有组织的领导下，坚定了群众战胜困难的信心，广泛地掀起抗灾自救的热潮。

在敌人的重重封锁下，既要坚持生产自救，又必须坚持对敌作战，实行劳武结合。邓小平指示："敌后经济战线，包含了两个不可分离的环节，一是对敌展开经济斗争。一是在根据地展开经济建设。没有对敌斗争，谈不上根据地建设；没有根据地建设，更谈不上对敌斗争。"要"减轻人民负担，既打击敌寇对敌占区、游击区、边沿区的掠夺和对根据地的摧残，必须军民结合，与敌人进行顽强的斗争，减少损失至最低限度。"同时要精兵简政，厉行节约。

1943年9月21日，邓小平在晋冀鲁豫边区和一二九师联合召开的生产动员大会上，作了题为《努力生产，渡过困难，迎接胜利的报告》，进一步阐明大生产运动的意义。在这次会议上，他提出了奖勤罚懒的赏罚制度建议。

1944年4月1日，在邓小平的大力支持下，滕代远、杨立三根据毛泽东提出的"公私兼顾"、"先公后私"、"公私两利"等原则，在太行山区公布了著名的《滕杨方案》，提倡按劳取酬和厉行节约。这一方案，把太行山大生产运动推向了高潮。

此外，太行军区还建立了油坊、粉坊和豆腐坊，建立了不同规模的几个兵工厂，能自造步枪、子弹、手榴弹，甚至迫击炮。除保证自身需要外，还支援延安步枪、子弹、棉布等大批物资。为扶植人民群众生产，政府除减免灾区负担外，还动员党政军民和财贸部门力量，从没有受灾的西部地区向灾区调运粮食、糖面、油饼、山药，在运粮中以工代赈，奖励灭蝗虫。这些措施是在当时政府收入有限的情况下，所能尽到的最大的努力。

大生产带来的丰硕成果，不但使部队的装备和战斗力得到提高，生活也得到改善。边区物价也得到稳定。

就在这千难万难中，全区军民在党的领导下，紧密团结一致、艰苦奋斗，终于战胜敌人、战胜严重的灾荒，使根据地发展到新的阶段。

1944 年 11 月 21 日，我军召开了“太行区杀敌英雄劳动英雄大会”。那是在山西黎城南委泉，到会的杀敌英雄 120 人，劳动英雄 206 人。会前，小平同志曾致电党中央、毛泽东同志，详细报告生产和度荒展览会情况。毛泽东同志回电认为报告“很好”，遂将报告批转在延安的各位领导传阅，并转发各战略区。

会上，邓小平讲了话。他面带笑容，声音洪亮，充满感情地说：“我们同华北、华中、华南等其他抗日民主根据地一样，干出了惊天动地、轰轰烈烈的英雄事迹。过去两年的大旱灾、大水灾和大蝗灾，这些人们所想象不到的困难都被我们战胜了。”他在讲话中赞扬了部队生产自给大大减轻了人民的负担，号召大家“今后要把毛主席指示我们的敌后三大任务（战争、生产、教育）做得更好，使我们的仗打得更多，生产得更多，战争与生产更好地结合起来，教育更好地服务于战争”。邓小平的讲话极富感染力，不时激起大家一阵阵热烈的掌声。

在邓小平、刘伯承带动下，太行根据地各单位在 1943 年中的经费、副食全部自给，粮食自给一到三个月。减轻了人民负担，改善了部队生活。

1944 年夏季，全区获得抗战以来的第一次丰收，收获小麦 160 万担，渡过了三年灾荒。

1943 年上半年，我军基本制止了敌人在边沿地区的蚕食。

1944 年，转入对敌局部反攻。

1944 年 7 月，生产上获得大丰收，灾荒完全结束。

边区军民关系，通过患难与共的救灾生产运动，进一步密切起来。

党中央对晋冀鲁豫的救灾生产工作也曾给予高度评价。毛泽东在“七大”前后，说到革命会遇到困难时，多次以此为例，鼓励大家的斗志。

在开展生产运动的同时，邓小平也没有忽视部队的政治工作，真正做到了生产和整风工作的两手抓。

1942 年 2 月 1 日和 8 日，毛泽东在中共中央党校开学典礼上和延安干部会上分别作了《整顿党的作风》和《反对党八股》的演说。毛泽东指出，我们的学风有些不正，就是有主观主义，特别是教条主义的毛病；我们的党风有些不正，就是有些宗派主义的毛病；我们的文风有些不正，就是有党八股的毛病。

同时，中共中央成立由毛泽东主持的总学习委员会，领导全党的整风运动。

以反对主观主义、宗派主义、党八股为内容的全党整风运动开始了。

晋冀鲁豫边区和一二九师的整风运动，是从 1942 年的 5 月开始的。

邓小平担任中共太行分局总整风委员会主任、一二九师整风委员会主任，主持领导边区的整风运动。

1943 年 1 月，邓小平在“温村会议”上作会议总结时强调指出，整风是我党进行思想革命的斗争，整风对于改造我党及全体干部和党员的思想方法，提高工作效能与品质，加强与巩固全党的团结，加强全党与党外人士的团结，以及转变工作作风等，均有伟大的革命意义。总结还指出，改造思想方法的重点，必须着重于反对主观主义、宗派主义、自由主义和自作聪明。整风对象的重点应放在地方党地委、专署一级，以及军队旅与分区一级以上的领导干部。整风运动必须与当前斗争的各种实际工作相结合。总结对整风运动在不同地区的进度和时间也提出了要求，强调不在多，而在精；不在走马观花，而在追根究底，贯彻始终。

邓小平的讲话是对太行区整风运动的总动员和总部置。

“温村会议”后，太行分局作出决定，军队、地方所有干部都必须参加整风学习；在职地委、县委、专员、县长、各群众团体的主要负责人轮流到分局党校参加整风，然后回到岗位，领导在职干部整风。这个决定首先在分局党校进行典型试验和落实。分局党校的整风，注重从干部的思想实际和历史实际出发，对照文件精神，实事求是地解决一个人的思想问题。

6 月 5 日，邓小平在中共太行分局召开的干部会议上作整风问题的报告，强调在学习的基础上作好自我反省，解剖自己的思想，开展批评与自我批评。在邓小平的领导下，太行区的整风学习，从实际出发，采取典型引路，强调自觉，联系思想，开展批评与自我批评等方法，一开始就收到了良好的效果。

10月，中共太行区党委依据中央及北方局的指示，制定了《关于今明两年完成全区整风任务及目前阶段计划》，提出由党委主要负责人直接领导，采取“机关整风学校化，学校整风机关化”的方法，区党委党校开办县级干部整风班，各地委党校举办区级干部整风班，县委举办村支部书记和少数区委的整风班。部队干部除了参加区党委党校学习外，多数参加太行军区司令部、政治部主办的整风学习班。区党委党校从1943年11月到1946年3月，共办了三期县级以上干部整风班，同时在涉县温村和索堡办了联合整风班，全区性的整风运动蓬蓬勃勃地开展起来。

毛泽东在七大会议上致开幕词

在整风过程中，邓小平发表了一系列的重要讲话。

11月10日，邓小平在中共中央北方局党校整风动员会上讲话，系统地阐述了整风的目的和意义，指出整风的目的是要以无产阶级的马列主义的思想，去克服存在于我们同志中的非无产阶级的非马列主义的思想，使我们全党思想更加统一，意志更加集中，全体同志更能团结在以毛泽东为首的党中央周围，同心同德地去完成中国革命的事业。

讲话对党的领袖毛泽东作了高度的评价，系统论述毛泽东思想即中国化的马列主义，指出党的事业要以毛泽东思想作指导。

他说：我党自从1935年1月遵义会议之后，在以毛泽东为首的党中央领导之下，彻底克服了党内“左”右倾机会主义，一扫主观主义、宗派主义和党八股的气氛，把党的事业完全放在中国化的马列主义，即毛泽东思想的指导之下，直到现在已经九年的时间，不但没有犯过错误，而且一直是胜利地发展着，这种事实我们大家都知道得很清楚。的确，在以毛泽东思想为指导的党中央的领导之下，我们回忆起过去机会主义领导下的惨痛教训，每个同志都会感觉到这九年是很幸福的，同时也会更加感到三风不正对我们的毒害了。现在我们有了这样好的党中央，有了这样英明的领袖毛泽东同志，这对于我们党是太重要了。

邓小平强调：要完成整风的任务，首先是领导问题。领导一定要抓得很紧，每个负责干部要亲身参加整风，认真突破一点，积累经验，以指导其他，并采取一些具体办法，使大家聚精会神，不半途而废。

邓小平在报告中使用了“毛泽东思想”这一科学概念。指出毛泽东思想即“中国化的马列主义”。他的这一认识与当时许多中共领导人的认识是一致的。因此，邓小平成了继王稼祥等之后，较早提出和使用“毛泽东思想”这一概念的中共领导人。

1945年8月，艰苦卓绝的抗日战争终于取得了胜利。

在抗战最艰苦的岁月里，在八年的浴血奋战中，为了党的抗战事业，邓小平与刘伯承共同领导一二九师忍受着并战胜了前所未有的困难。刘邓为抗日战争的胜利建下了丰功伟绩！

一二九师的战士们不会忘记！

太行山人不会忘记！

中华民族不会忘记！

历史则更会铭记！

抗战结束前夕，中共召开了第七次全国代表大会。虽然那次会议邓小平并没有出席，但他还是被选为中共中央委员会委员。

1945年6月底，邓小平奉中央通知前往延安参加七届一中全会。

8月15日，即日本正式宣布无条件投降的这一天，中央书记处在延安举行了扩大会议，会议决定成立晋冀鲁豫中央局，撤销原北方局，以刘伯承、邓小平、薄一波等八人为常委，邓小平为书记，同时决定成立晋冀鲁豫军区，邓小平任政治委员。

从此，邓小平的革命生涯又开始了一个新的起点。这一年，邓小平四十一岁。

夫唱妇随的患难夫妻

在抗战最最艰苦的那段时间里，卓琳一直陪伴在邓小平的身边，夫唱妇随、生死与共。

患难之中见真情，邓小平与卓琳这对革命夫妻，在太行山上谱写了一段段感人至深的爱情故事……

在刘伯承、邓小平的带领下，太行根据地军民一手拿枪抗击日军，一手挥锄开荒种地

为了争取抗战的胜利，战胜灾荒，渡过难关，刘邓号召部队开荒种地，发

展生产，实行生产自救。卓琳积极响应号召，参加到生产自救运动中去。她和刘伯承的夫人汪荣华负责女同志的报名工作。待人员集中后，她们就率领着上山，跟男同志们一起开荒种地。她那双常年握笔的手，也拿起了锄头。

1945年，刘邓两家合影

辛勤的耕耘，换来了丰硕的果实。地里，绿茵茵的叶子下面，长出一个个红红的大萝卜。拔起来一个称了称，足有六斤多重。

卓琳高兴地抱起这个大萝卜，来到邓小平面前。

邓小平看了，高兴地说："这叫萝卜大王啦!"

那时，部队的穿衣也是个大问题。

入冬了，好不容易才筹措到一些土布和棉花。为尽早让大家穿上冬装，刘伯承、邓小平号召官兵自己动手纺线、制衣。在邓小平的办公室里，也支起了一台土造的手工纺线车。

邓小平和卓琳，互相帮助，共同研究纺线的方法，很快就学会了纺线。有时候，邓小平纺线，卓琳就在他身旁用纺出的线直接织毛衣。夜深了，邓小平的办公室里，仍然不停地传出"吱、吱、吱"的纺车声响。

从此，卓琳练就了一手又巧又快的毛线编织技术。解放后，全家老老少少全身上下的毛衣、毛裤，都是由她的巧手编织而成的。

邓小平在太行山

卓琳与邓小平在太行山共同度过了五年的艰苦岁月。五年里，夫妻二人患难与共、生死相依、相亲相爱，先后生下三个儿女。那时候，条件艰苦，无法将孩子带在身边，卓琳只能忍痛将他们寄养在老乡家里。

毛毛在《我的父亲邓小平》中写道：

第一个孩子生下以后，妈妈本可以把孩子留在身边，但那时正值敌人频繁“扫荡”，如要行动起来，带着孩子将会很不方便。妈妈说：“我不愿意为了我和孩子，动用一些战士来专门保护我们。”

她忍痛把孩子送到老乡家，只身一人，随部队去行军、去转移。

一年以后，他们的部队路过孩子住地的附近，妈妈才得一机会去看望了孩子。妈妈是和一二九师政治部副主任蔡树藩的妻子陈书莲一起去的，他们一进屋，只见孩子又瘦又小，身上的衣服又脏又破，简直不成样子！妈妈忍住心酸，把眼泪咽进肚里，和陈书莲一起赶快给孩子洗了澡，做了衣服和被子。

部队停留了三四天，就又出发了。妈妈舍不得孩子，但她还是走了。

我的大姐林儿一岁半时，她的奶娘怀孩子了，妈妈就把她接了回来。妈妈说，刚回来时，林儿身体极弱，连用手赶苍蝇的劲儿都没有。那时，还是抗日战争最艰苦的年代，在部队里带个孩子，又要经常跑“扫荡”，可实在是辛苦的，所以妈妈又把林儿送到另一个老乡家中寄养。

次年，蔡树藩去延安开会，妈妈正好让他把林儿送到延安进入保育院。1944 年我哥哥胖胖出生后，1945 年我的二姐南南出生后，也同样被送到老乡家中去喂养。

妈妈的头三个孩子，就是这么样在战火纷飞的岁月中出生，在战争的残酷进行中成长的。他们从生下来的那一天起，就没有过一天的太平日子，没有任何的基本生活享受，他们是由太行山老百姓的奶水和太行山的小米粥喂养起来的。就这么着，在战火中，在各种天灾人祸中，他们都活了下来，而且长大了。

直到抗战结束，1945 年 12 月，刘邓司令部迁至武安县以后，卓琳才将三个孩子都接回了身边，全家五口人在武安暂居下来。这是有了三个孩子以来，全家第一次团聚。

此后，卓琳每日忙于照看三个吵吵闹闹的孩子，使家慢慢地安顿下来。邓小平则每日忙于军政大事。

“没有药，光急也不行，要想点办法”

肖战国在《邓政委话药源》一文中写道：

1942 年初春的一个夜晚，一轮刚爬上山的明月为赤岸村洒上了一层银辉。我借着银白色的月光，背着药包到师首长和机关住处去巡诊。当我走到邓小平政委的门前时，想起了前几次，卫生处长韩卓然同志带我们来巡诊时，邓政委每次都向我们提出一些关于医药方面的问题，我这个只住了两年卫生学校的半拉子医生经常回答得不全，总是丢三落四。而邓政委却总要给我们纠正或补充。因此，每次从邓政委那儿巡诊回来，我既为自己的知识浅薄而难过，又为自己受到教益而高兴。

今天，自己一个人来巡诊，不知邓政委又要问什么，我能回答得上来吗？当时，我就像一个底数不大的考生即将走进考场那样忐忑不安。

正当我在门前迟疑时，只听屋门“嘎吱”一声，邓政委从屋内走出来。

“哦——是肖医生，请到屋里坐。”邓政委热情地把我让进屋。

“政委，近来身体好吗?”在一把旧木椅上坐定后，我对邓政委说明了来意。

“谢谢你们的关心。不过，病魔对我有些惧怕，轻易不敢往我身上附。”

油灯下，邓政委风趣地说。接着，他又关切地向我询问部队的发病情况和药品供应情况。

当时，部队在太行山区，山区有痢疾、疟疾、流感等疾病流行，发病率比较高。由于日寇的“三光”政策和国民党对边区实行经济封锁，我们的药品供应一天比一天紧缺。许多病伤员就是因为缺少药品治疗致使病情加重，甚至牺牲。我们卫生处的同志都在为此事着急。

邓政委听到这些情况，心情沉重地对我说：

“是啊，日本帝国主义和国民党反动派，妄图困死我们，我们决不能让他们的阴谋得逞。没有药，光急也不行，要想点办法。”

说到这里，邓政委沉思了片刻后说：

“其实，药还是有的。李时珍在《本草纲目》中收载的药物近两千种，我们这么大的太行山，怎么会没有药呢？前些天，我们在村口散步时，就看到路边有野菊花、柴胡、马齿苋，这些都是中草药，有消炎和清热解毒作用，采回来用，不是也可以嘛。当然，还有其他药，你们可以到群众中请教嘛。”

邓政委这几句话，使我顿开茅塞，好像打开了一扇窗户，看到了另一番天地。

这时，邓政委继续语重心长地对我说：

“历史上，我国的医药曾经比西方进步得多。华佗在1700多年以前，就采用‘麻沸散’内服，进行剖腹手术。后来，因为社会制度的原因，使我国的医药落到了后边。将来，我们一定要让我国的医药学和其他科学重新走在世界的前列。”

说完，邓政委随手拿起一根火柴杆，轻轻地拨了拨桌子上的那盏小油灯的灯芯。灯火，在嗞嗞啦啦地升腾着，映红了邓政委那充满信心的脸庞。此刻，我不知该说什么才好，只觉得心中的热血像眼前的灯火一样升腾起来。

在邓政委的指点下，我们门诊所的同志积极地向当地群众请教，在驻地附近的山坡上、河滩上采集了许多野菊花、柴胡、金银花、元胡、蒲公英、白扁豆、翻白草等中草药，扩大了我们的药品来源。

“关心战士生活不是小事情”

1942年2月的一个早晨，沙河县独立营的王占国政委正在城郊的驻地外散步，突然见六分区政委朱穆之跃马飞奔而来。王占国正想举手行礼，问首长好，但朱穆之根本没有理会这一切，只是兴冲冲地说：

“占国，快——快回去准备准备，我刚刚接到通知，今天师首长要来这里看望大家……”

听说是师首长来看望独立营的指战员，王占国心里高兴极了。心想，不管是哪位首长来，我们一定要好好准备准备，不能丢我们独立营的脸。正在想着的时候，就见一位首长骑着一匹高头大马，带着一个通讯员，到了独立营的驻地。王占国仔细一看，见这位首长个头虽然不高，但却有一双炯炯有神的大眼；他身穿一套褪了色的灰土布军装，两个膝盖和两个胳膊肘上，各补着两个小补丁；头上戴一顶旧军帽，帽檐耷拉到眉间。朱穆之“啪”地敬了一个礼后，忙向王占国介绍：

“占国，这就是我们一二九师的邓政委！”

要不是朱穆之介绍，王占国还不相信这位极普通的军人竟是八路军一二九师的政委邓小平呢！王占国这时显得有些不知所措，他慌慌张张地用衣角擦了擦手。竟没有给政委敬礼，就用双手紧紧握住了邓小平伸出来的手。

“占国呀，我这次到你这里来，一是看望同志们，二是来了解我们部队的有关生产自救和当地的减租减息情况。你们在下面辛苦了，听朱政委说，你这里的工作还搞得蛮不错嘛！”邓小平很随便地和王占国谈起了部队和当地的一些情况。

王占国向邓小平汇报了部队的战斗和生产情况，同时汇报了当地的减租减息情况。最后，王占国在谈到部队与日本鬼子作战时的一些情况，引起了邓小平的重视。

王占国说：

“邓政委，去年日本鬼子‘扫荡’时，在敌强我弱的情况下，我们摆了一个石雷阵，打了一个漂亮的歼灭战，消灭了整整一个中队的日军和两个中队的伪军，同时，还炸毁了行驶在平汉铁路上的一列军用列车，取得了‘反扫荡’的胜利。”

“哦，摆石雷阵，这可是一个好办法！我们太行山到处是石头，这下可不缺少武器弹药了。回去要把你们这个经验在全区好好推广推广。”邓小平赞许地说。

得到师部首长的表扬，王占国自然很高兴，他要营通讯兵找来司务长，弄几个好菜，好好招待招待首长。

这下可急坏了司务长王生彬和炊事员老白。因为前几天，日军刚刚发动了春季“扫荡”，日军所到之处，见人就杀，见房就烧，见东西就抢，几乎是鸡犬不留。再加上连续两年大旱，庄稼没收成，整个根据地军民的生活极端困难。平时战士们吃的是小米加野菜，而师首长大老远地来，总不能也吃小米和野菜吧！没办法，王生彬和老白就四处去借，最后只在老乡家借了一点白面。

那天中午，除了要给首长吃白面外，战士们仍然吃野菜，当然破例给大家熬了一碗小米粥，算是打牙祭了。

当炊事员老白把白面端给邓小平时，邓小平要他端给伤病员吃，自己却边吃野菜边和战士们拉开了家常，并开玩笑地对王占国说：“小米加步枪是我们革命的传统，想当初我们参加两万五千里长征时，还没有小米吃呢！今天我就吃吃小米粥吧！”

说着，就端起一碗小米粥吃起来，直嚼得“咯嘣”、“咯嘣”地响，原来是小米里的沙子实在太多了。邓小平吃完一碗小米粥后问王占国：“小王，平时战士们都吃的是这个吗？再没有别的东西了？”

王占国点了点头，想到要首长吃这种东西，脸不禁红了。

邓小平停顿了好一会儿才慢慢地说：“穆之、占国，不能让战士们天天都吃这种东西，长期这样下去，部队哪来的战斗力呢？一定要多想想办法，解决这个问题。”

接着，他又对司务长和炊事员老白说：“你们搞后勤工作的，也要多想想办法。米不好，沙子太多，就用水多淘几遍。我们要的是小米加步枪，可不是沙子加步枪哟！”

说完，邓小平顺手拿起一个水瓢，熟练地给大家做起了淘米的示范动作，搞得司务长王生彬更加不好意思。

过了一会儿，邓小平又耐心地对朱穆之和王占国说：

“一定要关心战士的生活，这可不是小事情啊！越是在艰苦的条件下，越是要关心战士们的生活，这和打仗同样重要。如果战士们的生活不能得到改善，身体素质就不能提高，这样下去，要在战斗中取得胜利就增加了难度。你们独立营在与敌人作战时打得不错，值得表扬，但对战士的生活问题注意得不够，这我可要批评你们了。当然，目前要完全解决这个问题的困难是大的，可我们要积极想办法呀！我想有些问题是可以解决的，主要是看我们当领导的重视不重视了。我想，你们当务之急要解决好三个问题：一是要炊事班的同志把米淘干净，不要吃的全是沙子；二是要给每个战士准备一个针线包，衣服、裤子破了自己补补，不要穿得破破烂烂的；三是要在战斗之余开展大生产运动，搞生产自救，从根本上解决吃饭穿衣的问题。大家吃饱了肚子，才好打‘东洋’鬼子呀……”

看着首长那严肃的神态，王占国才真正感到自己忽视了关心群众生活，便对邓小平检讨说：“邓政委，我们错了，过去只注意训练和打仗，只注意战斗力的提高，却忽视了关心同志们的生活。今天我们一定要按照首长的指示，在这个方面好好检讨一番，然后，拿出一个切实可行的方案来，力争在短期内，真正改善战士们的生活，请首长下次再来检查我们。”

“好！我相信你们像打仗一样，在这方面也一定能做出榜样来。”说完，就骑上马，风尘仆仆地走了。

打那以后，王占国就一直牢记着邓小平的话，处处关心战士们的生活。他在带领战士们打游击，与敌人作战之余，在驻地的山坡上开荒一百多亩，都种上了粮食和蔬菜，并在沟里放养了两群羊，定期给战士们打“牙祭”，使全营的生活很快有了较大的改善。战士们的斗志也越来越高，在反“扫荡”中接连打了几个大胜仗。军分区党委先后授予独立营“生产先锋”、“威震敌胆”两面锦旗。战士们一看到这两面锦旗，手里端起香喷喷的饭菜时，心中就不由得想起了邓政委。

患难与共，鱼水情深

从立足太行，到抗战胜利，刘邓领导的一二九师，与太行山区人民患难与共、并肩战斗，共同度过了五个春秋，与当地百姓间也建立了深厚的友谊。至今，当地人还在传颂着许多动人的故事：

1943 年，是抗日战争最艰苦的岁月。日本侵略者除了不断对根据地进行残酷的“扫荡”外，还对根据地实行“经济封锁”，加上这一年太行山一带遭受罕见的旱灾和虫灾，粮菜歉收，抗战军民一天吃不上半斤粮，只得用糠皮、树皮、槐树叶、大麻叶等充饥，有人甚至挖了白土掺进饭里填肚子。生活处于极端困苦之中。

在这种情况下，邓小平一边号召部队带头节约度荒，吃饭定量，并带头坚持每顿只吃一份小米野菜饭，省下粮食送给赤岸村贫穷多病的人家，一边还带头开荒种地，发展生产，实行自救，渡过灾荒。一天清晨过后，在村边的沿河沙滩上，出现了七八名衣着整齐的军人，他们扛着铁锹和锄头，担着箩筐，有说有笑，走在最前面的就是邓小平和刘伯承。这是他俩带领身边的工作人员前来乱石滩上带头包片开荒垦地。正在沙滩上劳动的群众，没想到师首长在百忙中，还带头来垦荒。邓小平和刘伯承脱掉外衣，穿着粗布衬衣挥锹掘土，汗水浸湿了他们的衣衫。当天下午，邓小平又带着大批战士来到这里热火朝天地劳动，他还虚心地向老农请教，为干部、战士们做出榜样。

参加垦荒垫滩的军民在师首长的影响带动下，垫成了 5 亩可以水浇的良田。如今，这片田地成了村里的果园，每当村民们摘下那丰满的果实时，禁不住要回忆一番邓小平、刘伯承在这里开荒的情景。

在赤岸，邓小平不仅自己带头开荒种地，还动员干部家属们也和大家一起劳动。

一天凌晨，卓琳和孩子们住的院子的房东张大娘，猛听见厕所里有响动声，她穿衣起来一看，见卓琳同志正在掏大粪准备往地里送。张大娘劝卓琳天亮后再干，可卓琳只是笑笑不做声，生怕说话吵醒了别人。随后卓琳担起大粪，朝田地走去。

原来，邓小平和刘伯承带领司令部的一些干部家属，在村西边的树林旁开出一片荒地，打上畦埂，挑水浇灌，种成了一畦畦碧绿如茵的菜园。这天，干部家属们都约好清晨往地里送粪。

这块菜园长满了各种各样的蔬菜：小葱、韭菜、茄子、辣椒、丝瓜、黄瓜、菠菜……真是无所不有。邓小平最爱种的是辣椒，为种好辣椒他真下了工夫。邓小平还让后勤部的同志从外地引来了西红柿（当地群众称“洋柿子”），并亲自动手栽种、剪枝打杈，试种成功后又帮助村里的群众在太行山麓种出了一片片“洋柿子”。

此外，由于当时天灾人祸，村里的骡马所剩无几。人都没吃的，哪有粮食喂牲口呀！春播秋收时，没有牲口，就同人没有双腿一样不便。人误地一时，地误人一年啊。

刘邓首长决定让部队的军马帮助百姓们春播秋收，邓小平还指示司令部和政治部，军马除担任军务离不开的外，其他的都去支援。在刘邓首长的关怀下，大批军马及时用来务农，既种上了庄稼，又收回了粮食。军马耕地的故事，至今仍被赤岸、王堡两个村的群众传颂着。

1942 年过后，赤岸一带仍然面临旱灾的威胁，春天播不上种，眼看秋天收成无望，就连村里群众日常生活饮水也成了难题。

邓小平和刘伯承连续熬了几个通宵，制定了修建一条“漳南大渠”，把清漳河水引上山来的方案。随后，邓小平又协同地方政府，亲自主持召开各种会议，研究施工方案，紧缩其他开支，最后拨出一笔不小的款子，用“以工代赈”的方式开山修渠。

为解决技术问题，邓小平派人从河南请来二三十个好石匠帮助修渠，还派人从敌占区买来一台测量仪器，让政治部的两名同志专门负责搞测量。为解决修渠民工的吃饭问题，邓小平又想法给每人每天三斤小米，全部经费由师政治部付给。

邓小平和刘伯承还亲自到工地同民工一起抬石头，垒石堰，经常亲临现场指挥，解决各方面难题。师首长的实干精神，影响和鼓舞了修渠民工，经过一年零两个月的艰苦奋战，水渠终于在 1944 年 4 月胜利建成。这一工程正如当时的晋冀鲁豫边区政府主席杨秀峰同志所说：“现在看来不算什么，但从历史的角度去分析，在当时却是一项了不起的大工程，是值得纪念的事。”

这条渠首起下温村，尾至茨村，途经八个村庄，全长二十七里，使沿渠的三千五百多亩旱地变成了旱涝保收的水浇田，对涉县人民和驻军抗灾度荒，改善生活，支援前线发挥了巨大的作用。

“水流南山头，吃饭不发愁，没有邓政委，这水怎么流。”如今，这首歌几乎家喻户晓并为人们传唱着。

百姓们亲切地称这条渠为“救命源”。

第十章　为和平而战

邓说："我们上党战役打得越好，毛主席在谈判桌上就越有力量！"

艰苦的八年抗战终于结束了！然而，经历了战争苦难的中国人民，并没有得到他们迫切渴望的和平与安宁。

内战，即将上演！

消灭共产党的野心，蒋介石一直未曾改变过，无论是在国共合作阶段还是在拒不抗日时期。这仿佛是他与生俱来的责任。

抗战刚刚结束，他便迫不及待了。

但由于一时未筹备妥当，加上国内渴望和平的呼声日益高涨，蒋介石迫于各方压力，不敢贸然发起内战。于是，他便一面假惺惺邀毛泽东赴重庆和谈，一面调兵遣将，积极准备向我根据地发起进攻。

1945年8月14日、20日、23日，蒋介石三次电邀毛泽东赴重庆"和谈"。精明的蒋介石盘算着：毛泽东纵有天大的胆子，也不会同意到重庆的，这样他就可以在众目睽睽之下将"不要和平"、"不肯合作"的帽子扣在毛泽东的头上，为发动内战找到一个"冠冕堂皇"的理由；即使毛泽东胆量够大，坐在了重庆的谈判桌前，他也可以凭借天时地利之优势，强迫毛泽东交出军队、交出解放区，同时，还可以拖延时间为发动内战做好充分准备。

对于蒋介石"真备战，假和谈"的伎俩，毛泽东是了然于心的。他早就预言："蒋介石对于人民是寸权必夺、寸利必得，我们的方针是'针锋相对，寸土必争'。"

为了戳穿蒋介石的阴谋，为了争取和平，毛泽东作出了一个果敢的决定：同意赴重庆和谈！

1945年8月28日，毛泽东不顾个人安危，亲率代表团赴重庆谈判。

毛泽东的这一壮举，震惊中外，更令积极备战的蒋介石大吃了一惊。

毛泽东此举，再次向世人宣告了中国共产党热爱和平、谋求和平的真诚，也再次显示了中国共产党人不畏艰险、不怕牺牲的大无畏精神。

“和谈”进行得异常艰苦，并多次被拖延和阻碍。

事态的发展，正如毛泽东所料。

在重庆谈判期间，蒋介石便调动三十六个军、七十三个师，向解放区进军，企图尽快控制华北和华东的战略要地，打开进入东北的通道并抢占东北，进而逼迫共产党在谈判中屈服。

早在8月中旬，蒋介石就派阎锡山部一万六千人，侵入了太行山腹地的上党地区，占领了襄垣、潞城、长治、长子、壶关、屯留等城。

1945年8月28日，毛泽东飞赴重庆同国民党政府进行谈判。左起：张治中、毛泽东、赫尔利、周恩来、王若飞

上党是山西省东南部以长治为中心的地区，自秦汉置郡以来就是晋东南的政治、经济、文化、交通中心，它东控太行，西据太岳，自古就是兵家必争之地。因此，抢占上党对蒋介石“抢占华北、争夺东北”的战略，有着特殊的意义。

一时间，国民党军队气势汹汹地从四面八方蜂拥而至，内战已如箭在弦上。

中国共产党人，并没有天真地相信蒋介石的“和谈”阴谋，也从未放弃战争的准备。

8月26日，中央军委指示晋冀鲁豫军区领导：集中太行、太岳军区主力首先歼灭阎锡山进入长治的部队，收复上党地区，消灭心腹之患。

要知道，下定打上党战役的决心，并不是轻易可以作出的。

在抗日战争中，我军为了灵活机动作战，曾将主力化整为零，直到抗战后期，才逐步集中作战，目前，正在完成逐步由分散的游击战争向集中的运动战的转变。而在这个时期，我军编制不充实，多数的团人员在千人以下，部队装备也很差，全军区只有山炮六门，仅半数的团有迫击炮二至四门、重机枪三至四挺。新参军的战士还多用刀矛御敌。弹药也奇缺，不少步枪仅有数发子弹。

我军就是在这样一种状态下，下决心去迎击阎锡山装备齐全的部队。

决定打这一仗，是需要决心、勇气和高超的战斗指挥艺术的。

8 月 29 日，刘邓作出了晋冀鲁豫军区的整个战略部署，并电报中央军委。命令太行主力、陈赓部及冀南之八千余人，共约二万八千人投入上党战役，坚决消灭阎部一万六千人。

部署经中央军委同意后，晋冀鲁豫军区决定，刘、邓、张会同李达参谋长，指挥上党战役，滕代远、薄一波即赴冀鲁豫平原地区指挥那里的部队行动，并准备平汉线上的作战。

9 月 7 日，刘邓下达发动上党战役的命令。

当时，毛泽东已赴重庆谈判，许多人为毛泽东的安全担心。

邓小平与刘伯承便做了战前动员工作，邓小平说：毛主席在赴重庆之前说过“只有你们打得好，我才能谈得好”。我们上党战役打得越好，歼灭敌人越彻底，毛主席就越安全，毛主席在谈判桌上就越有力量。我们不要辜负党中央和毛主席的期望。刘伯承说：蒋介石的军队沿五条铁路开进，五个爪子伸开向我们扑来了。人家的足球向我们华北解放区的大门踢过来了，我们要守住大门，保卫华北解放区，掩护我东北解放区战略展开。平汉、同蒲是我们作战的主要方向，但现在的问题是阎锡山侵占我上党六城，在我们背上插一把刀子，芒刺在背，脊梁骨发凉，不拔掉这把刀子，心腹之患未除，怎么放得下心分兵在平汉、同蒲去守大门呢?

“打好上党战役，支援毛泽东主席赴重庆谈判”的口号，激励着广大指战员，以饱满的热情投入到战前练兵之中。

9 月 10 日，战役正式发起。

我军首先连克屯留、潞城、壶关、长子、襄垣，陷长治于孤立，并在战斗中从敌军手中夺取大量武器弹药。

在这一基础上，我军合围长治。

刘邓发布作战命令，以勇猛快速的动作，拿下长治，并以围城打援的作战方法歼灭敌人有生力量。敌援军被我军围困，经数日激战，敌援军军心动摇，向北突围。我军迅速追击、截击，猛烈穿插，使敌援军溃不成军，几乎被全歼。

敌援军被歼，守城之军顿成瓮中之鳖，弃城突围。我军不顾饥饿疲劳，日夜兼程，追击敌军，终于10月12日，将敌军主力歼灭于沁水之畔。

至次，历时三十多天的上党战役胜利结束。

此役歼敌十一个师、一个挺进纵队，共三万五千余人，缴获山炮、机枪、长短枪一批，生擒阎军第十九军军长史泽波。同时，全长二百五十公里的新乡至石家庄铁路沿线上，除个别城市外，残余的日伪军均被我军肃清。

上党战役的胜利，给进犯解放区的国民党军以迎头痛击，不仅巩固了晋冀鲁豫解放区的后方，而且加强了中国共产党在重庆谈判中的地位。蒋介石原指望在重庆谈判桌上以此为筹码，没想到全副武装、趾高气扬、气势汹汹的国民党军队竟会一败涂地。

蒋介石又恼又恨又无可奈何，在谈判桌上乖乖地签订了《双十协定》。

上党战役，是抗日战争胜利后，刘邓亲自指挥的对国民党军队的第一仗，也是我军所进行的第一个较大规模的歼灭战。

这一仗，加强了我党在重庆谈判中的地位，更鼓舞了解放区军民战胜国民党军队的信心，巩固了我区后方，加速了我军由游击兵团向适应大规模运动战的正规兵团的转变。

政治加军事，巧取邯郸战役

《双十协定》的墨迹未干，上党战役的硝烟未散，邯郸战役又开始了。

邯郸战役又叫平汉战役。

国民党派兵从新乡沿平汉路北犯，企图在十天内打通平汉线，进占石家庄，而后同胡宗南军会师北进。

中央军委指示晋冀鲁豫军区的部队，必须歼灭沿平汉路北犯之敌，因为这个战役的胜负，关系着全局。

然而，邯郸战役要比上党战役难打得多。敌人装备精良、训练有素、火力十足，而我军刚打完上党战役，正疲惫不堪，队伍也正处于整编时期。这个时候，如果硬碰硬，我军必然会伤亡惨重。

于是，刘邓决定，采取政治争取与军事打击相结合的方式，巧取此役。一方面要以各种形式来疲惫、挫折和消耗敌人，等待后续部队集结完毕。另一方面分化瓦解敌军，积极策动争取高树勋新八军起义。

高树勋是国民党第十一战区副司令长官兼新八军军长，高树勋及其所部原属冯玉祥的西北军。多年来一直受蒋介石集团的排挤、歧视，与蒋介石矛盾尖锐。蒋介石为削弱杂牌军的军事实力，派高树勋部沿平汉线向北进攻，使其作为内战先锋。高树勋深知蒋介石的用意，对蒋极为不满，从新乡北进之前，就派人与我联系，表示不愿意内战。

邯郸战役后邓小平和刘伯承、薄一波（左一）等在送别马法五（穿长衫者）回新乡时的合影

在这之前，共产党人王定南就被派往高树勋部做统战工作。

在上党战役紧张的战斗中，刘伯承、邓小平多次听取了王定南的汇报，并派申伯纯、靖任秋等协助王定南一道做争取高树勋的工作。邓小平还派人到新乡附近建立联络站，同高树勋联系。

平汉战役开始后，邓小平又多次布置这项工作。

邓小平认为，要抓住有利时机，成功地策动高树勋部起义，这对平汉战役的胜利将会起到极其重要的作用。

10 月 28 日，王定南从高部回来向刘伯承、邓小平汇报说：高很愿意同我军谈判，但还有些顾虑，主要是高夫人现在还在徐州，高为夫人的安全担忧。

邓小平听了王定南的报告说："高现在起义，不仅对当前作用很大，对今后的政治影响也是很大的。你转告他，时机很重要啊！"

刘伯承接着补充道："机不可失，时不再来，当机不断，反受其害。关于高夫人的安全问题，我们可以电请中央解决。"

王定南要回高部，临行时，邓小平再次强调说："转告高树勋将军，要从大局着眼，配合我军行动，对革命做出重大贡献。"

高树勋得知刘邓电请中央设法接应他们的家属，非常感激，对王定南说："好，我立即起义，走革命的道路！"

几天以后，当高树勋得到刘邓司令部的通知，新四军张爱萍师长已经派人把他的夫人刘秀珍等新八军的家属，从徐州接到解放区的消息时，他感激地说："共产党办事，真是言必信，行必果，实在了不起啊！"

10月30日，高树勋宣布新八军和河北民军一万余人起义，使固守马头镇的国民党四十军和三十军很快土崩瓦解。

31日拂晓前，敌人主力向南突围。

11月1日夜，刘邓命令部队突入国民党第十一战区副司令长官马法五的指挥部，马法五被俘。敌军失去指挥，顿时乱作一团，被我军包围歼灭。

11月2日，平汉战役结束，共歼敌二万余人。

平汉战役的胜利，对争取国内和平起了重大的作用。

平汉战役胜利后，晋冀鲁豫地区军队迅速扩大到三十一万人，武器装备也由于国民党军队的"奉送"而大大改善，部队已具备了迎接大规模战役的能力。全军士气高涨。

1945年冬，全区部队合编为晋冀鲁豫野战军，刘伯承任司令员，邓小平任政委。也就是从这时起，人们称这支部队为"刘邓大军"。

邓小平摆摆手说："今天开会不握手！省得打几个胜仗就握手言欢！"

自平汉战役胜利，至1946年9月，晋冀鲁豫野战军所向披靡、连战连捷。尤其是定陶一仗，刘邓大军五天之内歼敌一万七千人，敌中将师长赵锡田被活捉。

由于我军在战斗中每战皆胜，战果一个比一个大，于是在前线作战部队中开始滋长一些骄傲的情绪，有的指战员也开始不检点，个别部队的斗志有所松懈，军民和官兵的团结也出现了问题。

在长期的军旅生活中，邓小平不仅以指挥英明、多谋善断而著称，而且也以治军严格而享誉全军。作为久经沙场的军事家，邓小平也深刻体会到，战场大军云集，得道多助，失道寡助，民心向背是决定战争胜败的重要因素。因此，刘邓所率的晋冀鲁豫野战军特别注意军纪的整顿工作，把这当做一项战略任务来抓，当做重要问题常抓不懈。尤其是领导同志要从自身做起，要起模范带头作用。邓小平说，带部队的同志对部队纪律整顿得怎样，首先要看他的直属队和他的警卫员。他还曾尖锐地批评一些干部“一点小行李，自己也不背，两个小包袱还要老百姓来挑，仿佛我是来革命的，老百姓应该跪在我面前”。邓小平还一再告诫部队干部：一定要意识到，群众不是命中注定要跟我们走的，如果我们纪律不好，那老百姓为什么不可以跟别人走呢？

为此，邓小平重身教、律己严，执行纪律一丝不苟，一经发现不良倾向，立即进行整顿，处理起来从来都是铁面无私的。

此次，认识到了这些问题的严重性、普遍性，邓小平认为问题如不及时解决，必定会给中国人民的解放事业造成极大的损失。

于是，他决定利用部队休整的空隙时间，召开一次整顿纪律、增强斗志的会议。

会议定于9月10日召开，这天又正好是一年一度的中秋佳节。各纵队的司令员在接到会议的通知后，都高高兴兴、满面春风地来到了司令部开会。当各纵队的首长纷纷要和邓小平握手时，邓小平却摆摆手说：“今天开会不握手！省得打几个胜仗就握手言欢！”

一时竟说得各纵队首长面面相觑，不知所云。

会议一开始，邓小平就开宗明义地说：“今天我们把大家请来，不是欢度佳节、庆祝胜利，而是要开一个不握手的会议。我们不要以为打了两个胜仗，就沾沾自喜，握手言欢，心满意足，你好我好，什么都好。要更多地想想自己的不足。邯郸出发以来。我们的工作做得怎样？群众纪律怎样？军民、官兵的团结搞得好不好？部队的指挥和战斗作风还存在哪些问题？希望大家就此发言吧！”

邓小平的话刚说完，各纵队的首长就明白了为什么要开这样的会议。

会上，刘伯承司令、李达参谋长和张际春副政委先后发了言，指出部队中存在的问题和解决问题的办法。与会的各纵队首长也结合自己所在部队的情况，纷纷对照检查，开展批评与自我批评。七纵队司令杨勇首先发言指出："七纵军政军民关系不好，仗打得也不好，所有这些，我全都负责，我回去要好好进行整顿，提高斗志。"三纵队司令陈锡联也接着在会上作了检查，指出："三纵发生的问题，全都由我来负责。"邓小平看到会议达到了预期的目的和效果，宣布散会。

事后，各纵队司令员们每每回忆起这次不握手会议的情形时，常爱对人们讲，小平同志对高级干部要求非常严格，在重大是非原则问题上，从不迁就任何人，但他对这些历经战争考验的干部们又是非常信赖的，相信他们的觉悟，知道他们一旦认识到错在哪里，就一定会勇于克服并加以改正的。与会的各纵队首长在回到各自的岗位后，立即对所属部队进行了卓有成效的整顿，这些部队以崭新的面貌投入到了新的战斗。

此后至1947年3月的几个月时间里，刘邓率部在陇海铁路南北开展运动战，又连续进行了巨野、鄄城、滑县、巨金鱼、汾孝、豫皖边以及豫北反攻等较大规模的战役。

至此，刘邓大军在陇海路南北先后九次与国民党军队较量，九战九捷，给国民党军队的有生力量以有力打击，打出了刘邓大军的赫赫威名。在长期的指挥作战中，刘邓相互关心密切配合，建立了深厚的感情。

在刘邓之间，是难以放进一个顿号的

"我的心目中的小平同志和刘伯承元帅是连在一起不可分开的。不管是在一二九师一个师长，一个政委，还是在晋冀鲁豫野战军一个司令员，一个政委，都是那样团结共事，患难与共，相互谦让，亲密无间，大家习惯尊称他们为'刘邓首长'。"

这是原一二九师的一个老同志对刘邓关系的回忆。

邓小平经常对跟他一起工作的同志们说："刘司令员年纪大了，身体弱，他是我们的军事家，大事才要找他决策。司令部要特别注意哩！有事多找我和参谋长。"

刘伯承也经常对他周围的人说："邓政委是我们的好政委，文武双全，我们都要听政委的，大家都要尊敬他。"

刘邓之间的亲密友情源自他们在工作中的互相支持。

从1938年1月开始，他们就是统帅八路军一二九师的亲密搭档，在抗日战争中威名远扬。到解放战争初期，刘邓率军逐鹿中原，更注意在工作中互相配合，互相尊重，从而保证了在战争中不断取得胜利。在紧张的战事中，每当召开军事会议，讨论作战方案时，在最后下决心作出命令之前，刘伯承都要请邓小平发表意见。邓小平也十分尊重刘伯承。他常讲："按师长的意见办。"并且解释说，我称呼"师长"是尊敬老师的意思。的确，邓小平在很多方面都把刘伯承当作自己的"师长"。

1946年夏，为粉碎蒋介石对解放区的进攻，我军主动向陇海路出击，在进军濮阳的途中，刘伯承问身边的军区政治部民运部部长穰明德："你看把总部指挥所及其通讯设施运走，需要几部大车？"

穰明德想了想，回答道："我看有五部就够了。"

但军队到了濮阳后，具体经办此事的人却向当地政府要了二十五部车。刘伯承在驻地看到后，便严肃地质问穰明德："你说只要五部，现在为什么又要了这么多？这是破坏军民关系嘛！群众会骂我们的！"他在地上踱了踱，来不及同邓小平政委商量，就下令召集来开会的军区和各纵队干部训话。

按理像军民、军政关系这类事是邓小平分管的，但他却常说："司令员和政委的工作是无法截然分开的，应该既分工又合作。"因此，他主动和大家站在一起，认真听取刘伯承司令员的严肃批评。

最后，刘伯承对大家说："请邓政委给大家讲话。"

邓小平马上走上前，向大家严肃指出："师长刚才的批评很重要，是一场及时雨，把我们发热的头脑浇冷了。希望大家回去后认真研究传达，保证不重犯这样的错误。"几句简短的话语寄予了邓小平对刘伯承几多真挚的情感和尊敬！

邓小平不但在工作中尊重刘伯承，就是在其他方面，也总是把刘伯承当作自己的师长。

刘伯承文武双全，是一员儒将，除了指挥打仗，一有空就钻研军事理论，翻译俄文军事论著；在书法方面也有很深的造诣，写得一手好字。邓小平就把他的字拿来细心琢磨，经常临摹，常常很风趣地对人说："我练的是'刘体'，这可是集王、颜、欧、柳各家各体之大成的字呀！"

1947年8月底，刘邓大军进入了大别山。三个月的时间，歼灭了大量敌人。蒋介石紧急抽调三十个旅近三十万人压向大别山。刘邓大军物资供应紧张。已是10月初冬，整个部队还一身单衣，晚上只盖毯子和夹被。邓小平深知部队面临的困难和官兵生活的艰苦，他诚恳地对大家说："我们千里跃进大别山，在敌占区进行无后方作战，现在是最困难的时候，大家都要想办法克服。困难是有，没有困难还要我们这些共产党员干什么？司令员对大家很关心，实际上他比我们更困难。他年近花甲，还同部队一起行军打仗，现在已到寒冷季节，晚上很冷，我们只好叫警卫员给他多铺些稻草……"

邓小平的一席话，感动了在场的全体官兵。其实，同志们都知道，邓小平自己也衣被单薄，想到的却是让刘伯承睡觉时尽量暖和些，而不顾及自己。真可谓于细微处见真情啊！

在刘邓朝夕相处的日子里，邓小平总是尽力多做些工作，以减轻刘伯承的负担。遇到参谋长处理不了的一些事情，邓小平常常出面召集各纵队首长共同商量，部署指挥。只有在战役发展遇到大的困难和要作出重大决策时，才与刘伯承一起周密考虑，作出决定，并由刘伯承出面召集各纵队首长，发布命令，鼓励、督促各部队奋勇杀敌，夺取胜利。

部队上下形成了这样一种印象：只要刘司令员亲自找各纵队首长谈话，说明战役已到了关键时刻。只要坚持贯彻下达的命令，胜利就要到来了。

实际上，在整个解放战争时期，邓小平不仅是一名杰出的政治工作者，而且是一名优秀的军事指挥者，是刘伯承在军事上的亲密助手。每次拟定作战计划和命令时，邓小平先敏锐地分析判断敌情，提出几种作战方案，并明确提出自己的意见。刘伯承总是充分考虑和尊重邓小平的意见，并根据自己丰富的作战经验加以充实和完善。通常，在命令下达后战役发起前的一段时间里，邓小平总是主动照顾刘伯承，劝他抓紧时间休息，而自己却一刻不离地守候在电话机旁，进行指挥。下边报上来的问题，不论哪方面，不论大小，都能得到及时解决。此外，邓小平亲自守在指挥电话旁，对部队官兵也是一个极大的鼓舞和鞭策。

每当这时，刘伯承要么走到村外，凭着他丰富的经验，听听前方的动静，判断战役的进展情况；要么静静地坐在那里思考每一个作战细节，及时提醒下边可能遇到的一些问题。所以，在指挥各大小战役中，刘伯承和邓小平制定的作战计划往往周密完善，有很强的预见性和必要的灵活性，从而保证了各战役以最小的代价换取最大的胜利。

杨国宇回忆到：

在抗日战争和解放战争长达十几年的两个革命战争时期，刘邓曾先后共同领导和指挥八路军一二九师和第二野战军，共同经略晋冀鲁豫、中原和西南三大战略区，亲密无间。在这个意义上来说，刘邓是军事指挥上的并肩者。而在一个战役接连一个战役，一个战场转到另一个战场这种漫长而频繁的战争过程中，在这个极度耗费脑力和体力的战场生活中，刘邓又互相把挑在对方肩头上的重担换到自己肩头上来，或分成两副担子来分担。在这种意义上来说，刘邓又是军事指挥上的换肩者和分担者。即使在大别山因为斗争的需要而分成两个指挥所，部队接到的战略战术指示，仍然是出自一个刘邓司令部。历史既然以自己的行程形成了这种情况，我们也就难以把刘邓的指挥艺术和作战谋略完全分割开来了。

曾在第二野战军担任新华社分社社长、新华社前线特派记者的李普说过："在刘邓之间，是难以放进一个顿号的。"

刘邓联结在一起，像一座威严的山。一座威严的太行山，一座威严的大别山，一座威严的喜马拉雅山。

刘邓分头指挥而又紧密地联系在一起的情景，给我留下特别深刻的印象。

1942年春夏，侵华日军对晋冀鲁豫抗日根据地进行了两次"扫荡"，而后一次是空前的"大扫荡"。日寇春季"扫荡"给根据地造成很大损失，为了扭转这个局面，准备对付将来更大的困难，邓去中条山，刘留太行山。3月中旬，邓率一支部队到太岳区。两人分手后，刘一直担心邓的安全，老到作战科、机要科查问：邓是否过了白晋线敌占区？当时敌寇修筑了白晋铁路，插进晋东南，把太行区和太岳区分割开。3月29日晚收到电报说：邓今晚通过白晋线去太岳。当夜刘师长一直未睡，坐在作战科替参谋值班等电报。那时，我在机要科工作，作战科参谋问得我们都烦了，我们把门关住不让他进。天快亮了，刘到机要科敲门，适陈赓来电，他站在译电员身边，译一个字，看一个字，不时猜一个字，猜得还很准。我们还未译完抄好，他就知道邓已安全通过白晋线到达太岳区。这时他才放心回去睡觉。

邓到太岳不久，因侵占了我浮（山）翼（城）地区的阎锡山部队，配合日寇继续向我进犯，便由邓统一指挥太行部队三八五旅和太岳部队三八六旅、二一二旅等部，于4月15、16两日，进行了浮翼自卫反击战役。战役胜利结束后，邓才去中条山。

自刘邓分开后，司令部向下发的电报仍是署“刘邓”或“刘邓李”。由于他们对工作如此严肃认真，也由于他们亲密无间地团结一致，以身作则地为人表率，所以用他们二人名义发出的“训令”“号令”“预先号令”或者“命令”，部队无不坚决执行。这怎不叫人敬重！敌人怕刘伯承也怕邓小平，曾把邓小平的相片，印发给部队，并在相片的下面加上了“在太岳”三个字。在太行，日本特务刺杀的第一个目标是“独眼将军刘伯承”，也专印了刘的相片，并把刘的履历表一起印在相片上。这些材料是我们部队在缴获日军文件中发现的。

潘焱在《世纪伟人的胆略和风范》一文中也生动地记录了刘邓共事的一段精彩场面：

> 那是1945年冬天的事情，邯郸战役胜利后，晋冀鲁豫军区司令部在冶陶镇召开军区暨野战军纵队司令部组织编制会议。我当时任冀鲁豫军区参谋长，出席了这次会议。在会议期间，我向刘邓汇报冀鲁豫军区部队情况时，刘伯承司令员说：
>
> “七纵队和冀鲁豫军区部队三天连下五座县城（郓城、嘉祥、巨野、济宁、汶上），仗打得很好。”
>
> 邓小平政委紧接着语重心长地插话说：“仗打得是好，但要注意防止骄傲自满，防止麻痹自足。仗还有打的，虽然停战协定生效，国民党蒋介石在下山摘‘桃子’，打了败仗损兵折将，但他是不死心的。你们那个军区靠近平汉铁路东，京浦铁路西，还跨越陇海铁路南北，任务重，要将群众工作、统战工作做好，情报通信联络工作要抓落实，经得起检查和作战的考验。”
>
> 刘司令员说：“邓政委讲的很重要，要认真贯彻执行。”
>
> 当我汇报到冀鲁豫军区部队供应问题时，刘司令员说：“你们服装整整齐齐干干净净。”
>
> 邓政委说：“平原部队有这个特点，衣服干净、整齐，清洁卫生好。军队要像军队的样子，不能像民兵老百姓，当然分散打游击又是一回事。”

刘邓的这段你一言我一语的配合，宛如出自一人之口，无需任何暗示，两人配合之默契确实非同寻常、令人折服。

总之，刘邓的故事是如何也讲不完的。

晋冀鲁豫军区司令员刘伯承（中）、政治委员邓小平（左）、副司令员滕代远在一起

刘伯承元帅逝世的时候，邓小平率全家去参加追悼会，并在他写的《悼伯承》文中抒发了他与刘伯承的深厚情感，他说：

伯承久病，终于不治。我和他长期共事，相知甚深。他的辞世，使我至为悲痛。

我们一起工作，是1938年在八路军一二九师，一个师长，一个政治委员，以后在晋冀鲁豫野战军、中原野战军、第二野战军，前后共事十三年，两人感情非常融洽，工作非常协调。我比他小十多岁，性格爱好也不尽相同，但合作得很好。人们习惯地把“刘邓”连在一起，在我们两人的心里，也觉得彼此难以分开。同伯承一起共事，一起打仗，我的心情是非常愉快的。

第十一章　逐鹿中原

司徒雷登冲动地说：“不可思议！不可思议！东方的‘马其诺防线’——黄河天险，就这样让共军突破了？”

经过轮番的军事较量之后，蒋介石不但没有实现他“三至六个月消灭关内共军”的誓言，反而使共产党的军队日益壮大。

此时，国民党军队虽然在总兵力上仍占有优势，但还是丧失了对我军实施全面进攻的能力。

恼羞成怒的蒋介石，被迫放弃了对我军的全面进攻。他在我军势力强大的晋冀鲁豫、东北等战场转攻为守，而抽调主要兵力对我山东、陕北两翼实施重点进攻，并依托黄河天险，建立起了自称“足抵四十万大军”的黄河防线，还派了重兵把守。

1947 年 3 月，蒋介石分兵几路，向我中共中央所在地延安发起进攻，妄图消灭我共产党的首脑机关和毛泽东。

在陕西，由于我中央机关兵力薄弱，毛泽东被迫决定暂时放弃延安，开始率领小队人马在陕北的黄土高原上，和敌人的几十万大军兜起了圈子、打起了转转。

就是在这种危急的时刻，毛泽东再次显示了他非凡的领袖风范。他处变不惊，潇洒应对，一面巧妙地与敌人周旋，一面还实施着对全国共产党部队的军事指挥。就在他和中央还未脱离险境的情况下，一场惊天动地的反攻战略，已经在他的脑海中部署完毕。

共产党的战略反攻开始了！

1947 年 6 月 3 日，刘邓接到中央命令：6 月底突破黄河防线。

渡河前，邓小平对战士们做了动员，他说：中国人民推翻国民党反动统治的革命高潮已经临近，我军转入战略进攻的时机已基本成熟。我们一定要抓住这一极其有利的时机，不待我军总兵力超过敌军，也不待敌军的重点进攻被粉碎，立即由战略防御转入战略进攻，不让敌人有喘口气的机会。我们应当把战争推到蒋管区去，不能让敌人把我们家里的坛坛罐罐打烂。

1947年6月30日夜，邓小平和刘伯承率部强渡黄河，发起鲁西南战役

他还说：我们晋冀鲁豫区好似一根扁担，挑着陕北和山东两大战场。我们要坚决执行党中央、毛主席的战略方针，责无旁贷地打出去，把陕北和山东的敌人拖出来。我们打出去挑的担子愈重，对全局就愈有利。

“黄河天险胜过四十万精兵。”这是蒋介石不止一次讲过的话。尽管如此，他还是不太放心。6月，他曾派参谋总长顾祝同亲自勘察黄河水势。河势确实非常险峻，进入6月，北方下起少有的连阴雨，好像所有的雨水都汇入黄河，那水势迅猛磅礴，令人心惊胆战。顾祝同查询了黄河水情，心里略为宽松下来。加上，刘汝明部驻扎黄河南岸，官兵有河防经验，每逢这等天气有特大洪汛，都知道不会出事。于是，放心地躲进屋里喝酒、赌博、睡大觉。

就在这“雨淋天破，八仙难过”的险恶时刻，刘邓决定6月30日晚，渡河战役正式发起。

6月30日夜，当刘伯承、邓小平率军来到黄河北岸，驻守的敌军竟丝毫没有发觉。

滔滔黄河水，像一条蜿蜒的巨蟒，躺在广阔无垠的华北平原上，在朦胧的月光下滚滚向东流去。在夜色苍茫中，在三百里长的黄河上，船工从苇丛深处推出千百只大小木船。刘伯承、邓小平敏捷地跳上船去，并肩站在船头。船在波浪汹涌中如离弦之箭，向黄河南岸急驶而去。

突然，两架敌人的侦察机，带着轰鸣的巨响，沿黄河由西向东飞来，一路投下许多照明弹，顿时打破了夜的沉静。这时，站在船头、解开外衣的邓小平，见敌机临空，谈笑风生地对刘伯承说："敌人怕我们渡河寂寞。特给点亮了'天灯'。敌人的空军墨守成规，一侦察，二报告，等它叫来轰炸机群。我们全军已渡河完毕！"

"是啊！"刘伯承司令员用手推推他的玳瑁框眼镜，赞同地说："不明修栈道，怎么能暗度陈仓呢！这就叫'临晋设疑，夏阳渡河'嘛！"说完邓小平、刘伯承相视而笑。

邓小平、刘伯承显得是那样轻松，胸有成竹。其实，为了使部队能顺利渡过黄河，他们早就作了精心的安排与部署。那时他们可一点都不轻松。

早在渡河之前，刘伯承、邓小平把十二万野战军主力集结起来，而让太行军区、冀南军区部队伪装成主力，在豫北发起攻势，跟敌人打得难解难分，同时指挥豫皖苏军区部队向开封以南地区佯施攻势，以转移敌人视线。刘伯承、邓小平则指挥部队夜以继日地进行渡河的准备工作。

当太行、冀南和豫皖苏部队和敌人连续打了几天几夜，把敌人打得晕头转向，弄不清我军主力行动方向时，国民党郑州前线司令部却发表电讯，说什么共军刘邓部南进受挫，已被迫"西窜"，不久可能退回太行，目前正为撤军扫清道路。

可见，刘邓大军"暗度陈仓"的战术已然奏效。

由于敌军的错误判断，足抵"四十万大军"的黄河防线，成了不设防的防线。本来，国民党新调来的两师主力已在河东挖了滩头阵地，因听指挥部说共军准备"西窜"，放松了戒备，部队根本未进入阵地。

这一天，夜静得出奇。黄河北岸的我军将士静悄悄地蹲在战壕里，各种渡河器材都准备停当，只等渡河命令下达。

午夜时分，渡河命令下达了。我军大炮首先向南岸的敌军阵地开火，惊雷般的巨响打破了寂静的夜空，火光映红了滚滚黄河水，千百只帆船载着我军健儿杀向黄河南岸。我晋冀鲁豫野战军主力四个纵队共十二万人，在刘伯承、邓小平的指挥率领下，采取偷渡与强渡相结合的战术，在三百余里地段上一举突破敌军防线，渡过了黄河天险，使蒋介石鼓吹的可以代替四十万防守大军的

“黄河战略”神话，只一夜工夫就烟消云散，成为历史的笑谈。

刘邓率领十二万大军一夜之间，同时从八个渡口渡过了黄河天险，打开了蒋介石中原防御的大门。

消息传到南京国民党大本营时，蒋介石正在设宴款待美国大使司徒雷登。

司徒雷登一反平日翩翩风度，冲动地说道：“不可思议！不可思议！东方的‘马其诺防线’——黄河天险，就这样让共军突破了？你们不是自称黄河能抵四十万大军吗？每天消耗着上百万美元。使用着先进的美式装备，难道就这样不堪一击吗?”

满面春风的蒋介石看过电报后，目光呆滞，犹如僵尸一般。

这一仗，不能怨老蒋太笨，实在是因为刘邓太英勇、太聪明了！

在知彼知己又足智多谋的刘邓指挥下，大军胜利渡过黄河，随后发起鲁西南战役，在约一个月的时间内，歼敌四个整编师师部、九个半旅，共六万余人，为我军挺进大别山开辟了道路，由此揭开了解放战争我军由战略防御转为战略进攻的序幕。

千里跃进大别山

大别山是进军中原的一个战略要地。

邓小平曾这样评价大别山在中原地带的战略地位，他说：“中原形势决定于两个山，一个是大别山，一个是伏牛山，敌人最关切的还是大别山，它比伏牛山更重要。中原要大定，就要把大别山控制起来。而且，大别山是一个战略上很好的前进基地，它东面迫近长江，一直顶到南京上海，西南直迫汉口，是打过长江的重要跳板。”

最后他还补充一句：“大别山，敌人必争，我也必争！”

1947 年 7 月，中央指示刘邓，进军大别山。

但是，要进军大别山并在那里站稳脚跟，并非易事。此前，我军曾多次试图在大别山立足，都未成功。

中央和毛泽东对于此次出击的重要性和艰巨性是明白的。

就此，他们作出三种估计：一是付出了代价站不住脚，准备回来；二是付出了代价站不稳脚，在周围坚持斗争；三是付出了代价站稳了脚。要求刘邓，要从最困难方面着想，坚决勇敢地战胜一切困难，争取最好的前途。

另，中央指示刘邓抓紧时间休整，8月中旬开始行动。

接到中央的指示，刘邓的心中是万分焦急！

在鲁西南，刘邓野战军已连续作战一个月，部队未得休整，新补充的战士来不及训练。各纵队才下战场，还未对跃进大别山的战略进行动员和具体准备。同时，部队所带款项已不足半月开支，东北的炮弹、邯郸的军衣都未运到，如立即进行大的军事行动，对这支部队来说，将会是困难重重，险象环生。

刘邓的部队，太需要喘一口气了，哪怕是稍稍地喘一口气呀！

可是，蒋介石不让他们喘息，战机也不容他们喘息……

恰逢此时，天公又不作美。

自从刘邓大军南渡黄河以来，一直阴雨连绵，黄河水位急速上升。站在黄河堤上，一眼望去，只见浊流汹涌，波涛连天。

黄河，时刻有决堤的危险。

更令人焦虑的是，蒋介石竟然扬言要决开黄河大坝，用黄河之水把刘邓淹死在黄河南岸。真是人心歹毒啊！

蒋介石动用黄河之水进行战斗，已不是第一次了。

早在1938年6月，为了阻止日本侵略军前进，蒋介石下令在河南炸开了花园口黄河大堤。然而，决堤并未阻挡住日军侵华的步伐，却使黄河北移改道，淹没了河南、安徽、江苏三省的四十四个县五万四千平方公里的土地，造成了八十九万余人丧生，一千二百五十万人口受灾，大批难民流离失所的悲惨状况。在中原大地上，人为地制造了一片连年灾荒的黄泛区。

今天，蒋介石又要阴谋挖掘黄河大堤了，要用这条万古江流来淹没刘邓大军。

一旦黄河再次决堤，这十几万大军，这河边数百万人民群众怎么办？

在野战军指挥部的作战室里，刘伯承说出一句话：“忧心如焚。”

四十多年后，邓小平也曾对子女说：“我这一生，这一个时候最紧张。听到黄河的水要来，我自己都听得到自己的心脏在怦怦直跳！”

危难险情真是一波接着一波。

正在刘邓部队进行休整，艰苦地准备着8月中旬出击的时候，他们收到毛泽东亲自起草的一个极秘密的电报。毛主席的电报很简单，就是“陕北情况甚为困难”。

当时，只有刘邓两人看了这份电报，看完就立即烧毁了。刘邓心中明白，打过黄河，一是实现战略反攻，一是吸引和歼灭敌人，更重要的就是要减轻陕北、中央和毛主席的困难处境。他们二话没说，立即复电中央，说十天后行动。

本来，刘邓还考虑再打几个仗，再就地歼灭一些敌人。但是，中央困难，刘邓便义无反顾、不顾任何困难地提前出击了。

8 月 6 日，刘邓下达预备命令，决心提前结束休整，立即执行挺进大别山的战略任务。

收到刘邓电报后，中央于 8 月 9 日、10 日连续复电，指出刘邓的“决心完全正确”，并指示：“情况紧急不及请示时，一切由你们机断处理。”

刘邓指示部队：勇往直前，决心不要后方，不向后看，坚决勇敢地完成这一光荣艰巨的战略任务。

1947 年 8 月 7 日，刘邓命令部队从鲁西南的郓城地区挥师南进。千里跃进大别山的伟大战略进军开始了。

为了阻止我军南进，蒋介石亲自坐镇开封，调集了五个军事集团三十个旅的强大兵力。

为了实行突破，刘伯承巧设神机，以一部在黄河边佯动，造成北渡声势；一部向西破击平汉铁路，切断敌之交通；一部向西直出信阳，作出挺进桐柏山的姿态。

正当敌军迷惑不解、判断不清之时，我刘邓大军主力，分成左、中、右三路，突然甩开敌军，从敌人还未来得及造成的合围缺口一举突破，开始了向大别山的挺进。

但，这一路上的艰难是可想而知的。

鲁西南与大别山，相距千里之遥。一路上，不但要经过黄泛区、沙河、汝河和淮河等天然路障，还有敌人数十万大军的前堵后追。

不几日，部队到达了黄泛区，这里就是曾经被蒋介石放水淹没过的地区。

横在刘邓大军面前的，是一片宽达二十公里的曾被黄河之水淹没过的土地，遍地的积水污泥，浅处及膝，深则到腰。远远望去，只能看到残毁的房屋和几根树干，作战地图上标明的村庄乡镇，都已无法寻找。

在 8 月的酷热中，战士们深一脚浅一脚，一步难似一步地在泥泞中艰难地徒涉。

特别是那些重型武器和装备大大影响了部队行进的速度。车是不能开了，所有的重武器和辎重，都改用牛拉人推，推不动的，拆卸成块用人扛。一些榴弹炮和野战炮，还有牵引用的汽车，凡是拉不动的，扛不走的，刘邓下令“全部销毁炸掉，不能留给敌人”。

这些重型武器，都是战士们用鲜血从敌人手中一件一件换来的啊！战士们视它们如珍宝。听着一阵阵炸药的轰鸣，许多指战员都掉下眼泪，痛心地哭了。但是他们深知，若非为了敌情严重，若非为了不影响部队的前进，上级是决不会命令如此而为的。

8 月 17 日，刘邓手拄着棍子，脚踩齐膝深的污泥，冒着敌机的轰炸扫射，走一脚拔一脚地，和所有的指战员在黄泛区共同跋涉。当日，野战军主力即行通过。

在刘邓身先士卒的作用下，整个野战军以最快的速度，于 8 月 18 日全部徒涉过了黄泛区。

过了黄泛区，刘邓大军主力立即直奔沙河，冒着敌军的炮火和飞机轰炸，架设浮桥，于 18 日胜利渡过沙河。

据说，美军顾问组的魏德迈将军在 8 月 24 日离华前，曾对蒋介石直言不讳地说：这一个月来，我在中国看到了什么呢？看到共军一枪不发而攻破了足抵“四十万大军”的东方“马其诺防线”。他们二十八天连续战斗，消灭了“国军”九个半旅。说他们“西窜”，实际他们在南进；说他们“失踪”，实际他们在反攻！

魏德迈生气，蒋介石也生气。一气之下，蒋介石到庐山养病去了。

过了沙河后，刘邓部队抓紧这难得的瞬间休整了一天。

邓政委向全部队提出：“走到大别山就是胜利！”

部队进一步轻装，把一些笨重的武器车辆埋藏或炸掉。刘邓大军，要以更快的速度，向大别山直进。

过了沙河，前面又是汝河。

8 月 23 日，第一、第二纵队渡过汝河，第三纵队进抵淮河。当野战军指挥部和六纵到达汝河边时，敌人已强占了渡河地点南岸渡口。这时，前方敌军部队用强大的火力正在阻击；后方尾追的敌三个整编师已距离不到三十公里；上方敌人的飞机接连不断地实施狂轰滥炸。我过河部队一再受阻。

在这万分险恶的关头，刘邓肩并肩地来到汝河前线。

“刘邓首长来了！”全军上下一派振奋。

邓用一贯简练的语言说："我们要不惜一切代价，坚决地打过去！"

刘一改平时儒雅的风格，提高嗓门坚定地说："狭路相逢勇者胜，从这里杀开一条血路，冲过去！"

刘邓的到来，刘邓的决心，刘邓的命令，形成了一股不可抗拒的巨大力量，使指战员们勇气倍增。

天刚微明，六纵开始实施强渡。战士们冒着敌人猛烈的阻击火力，踏着浮桥，杀出一条血路，冲过河去，突破了敌人的汝河防线。

过河之后，人们看到，刘邓首长骑着战马，行进在疾进的队伍中间。他们二人走走停停，时而议论研究，时而观测地形，从从容容，镇定自如。刘邓指挥着部队，刘邓与部队同在。

到达集合地彭店后，邓政委告诉部队："我们到大别山还有一条天险——淮河。"

淮河，是华东地区介于黄河和长江之间的一条最大的河系，由西向东贯穿于河南南部与安徽全境，在这一带形成了一片纵横交汇、疏密错落的水网地带，在刘邓大军跃进大别山的途中，形成了一道天然鸿沟。

刘邓部队中，大部分是北方人，都是"旱鸭子"，极不习惯在南方水网地带作战。可这一路上，他们却过了多少的河，走了多少的泥路水路呀。无怪乎有的人诙谐地调侃道："江山如此多娇，无数英雄光摔跤！"

调侃也好，摔跤也好，反正这河，还是要过，而且非过不可！

8月的淮河，正值雨季时分，河深水急。刘邓大军到来之时，正好上游刚刚下雨，河水上涨。敌人追兵先头已距我仅十五公里，如两天不能过河，我军将被迫背水作战。

无桥，无船，河面又宽，这七个旅十几万大军，怎么过去？

在指挥部里，刘邓连夜召开紧急会议。

邓提议："伯承先行指挥渡河，我和李达在后指挥部队阻击。"

刘果断地说："政委说了就是决定，立即行动。"

刘伯承到了河边。

有的干部报告说："淮河不能徒涉。"

真的不能徒涉吗？

刘伯承登上一只竹排，手持一支竹竿，提着马灯，全神贯注地探测水深。

不久，刘伯承捎回口信，水不太深，可以徒涉！

天快亮时，河水又开始退潮，真是天赐良机！

我军千军万马，立即开始过河。

先期过河的刘伯承，在南岸的山头上看着这壮观的渡河场面。微笑了。

8 月 27 日，刘邓野战军全部渡过淮河。

说来事情也真巧，我军刚一过完河，河水突然骤涨了起来，上游又下来了洪峰。敌军的大路追兵到了河边，看着刚刚远去的刘邓大军，只好“望河兴叹”了。

刘邓大军涉渡淮河

几十年后，邓小平曾对子女谈起过淮河的情景，他说：

“那一路真正的险关是过黄泛区，过淮河。过淮河，刘伯伯去探河，水深在脖子下，刚刚可以过人。这就是机会呀！我们刚过完，水就涨了，就差那么一点点时间，运气好呀。以前，从来不知道淮河能够徒涉，就这么探出条道路来了，真是天助我也！好多故事都是神奇得很。”

过了淮河这最后一道天险，刘邓野战军终于进入了大别山地区，胜利完成了千里跃进大别山的战略任务。

国民党和共产党逐鹿中原，这第一步，共产党抢先了。

在刘邓的部队里，很快流行起这样一首歌：

刘邓大军真勇敢，
渡河反攻鲁西南大捷歼敌六七万，
蒋介石正在手忙脚又乱，
我们又挺进大别山。

艰苦行军二十多天，
血战汝河胜利渡淮踏上大别山，
大别山好比一把剑，
直插到蒋介石的心里面。

努力学会山地战，
发动群众建立根据地就能打胜仗，
同志们大家来比赛呀！
看谁是战斗英雄工作模范。

毛主席领导如明灯，
刘邓首长亲自指挥就是指南，
同志们挺胸勇敢往前干，
解放全国胜利曙光在眼前。

歌声中，饱含着胜利的喜悦！
刘邓大军就像一把锋利的尖刀，插入了敌人的心腹！

“站得住就是胜利！”

上了大别山，欢乐的歌声立时此起彼落地唱了起来。战士们仿佛把中原的风尘和连日连夜行军作战的劳累，一起丢在淮河北岸了。

而此时的邓小平已在奋笔起草《创建巩固的大别山根据地》的指示了，

他深知到了大别山，要想在这里站住脚，后面的工作将更加艰巨。

大别山的8月，说不上是最美妙的季节，然而，那秀丽明媚的景色已使战士们悄然入迷了。路边，开满不知名的野花。山坡的一面是茂密的马尾松，另一面却是数不清层次的梯田。常言说，山有多高，水有多高，一点儿也不假。这儿，就连山顶上也是水田连片，处处葱绿。村庄大都在高大的竹林掩映之中。在村头断墙上，可以隐约看到“打土豪，分田地”等大字标语。战士们，特别是亲历过鄂豫皖苏区斗争的老战士们，总是在这些经受了二十年风吹雨刷的标语前面停下来，看了又看，给人们带来多少充满欢欣和血泪的回忆啊！

大别山是这样富庶、美丽，但是，大别山的人民却生活在贫穷和悲伤中。

由于国民党反动派的烧杀掠抢，很多房屋被烧毁了。人们穿的是破衣烂衫，孩子头上长满了癞子，不少人长粗脖子，面带菜色。

他们搞不清刘邓是什么队伍，用惊奇和恐惧的眼光注视着队伍开过去。问他们话，都说不知道，有的人甚至跑进山林躲了起来。

部队到了宿营地，分给刘邓休息的是一间黑洞洞的窄小的房子。这家有一位六七十岁的老太婆正在煮稀饭。她自动盛了小半碗，端给刘司令员，说：“喝口稀的吧！看，眼窝都塌下去了。唉！这么大年纪还当兵！”刘伯承十分感动，一面接过那半碗稀饭，一面说：“老大娘，我们是当年的红军，现在又回来了。”老太太低着头叹了一口气说：“这次回来，就不要再走了吧！”

休息了一会儿，邓政委派人去请张际春副政委、李达参谋长以及司政机关的部长、处长等来研究情况和任务。邓政委首先说：“我们已经到了大别山，完成了战略任务的第一步。大别山处在鄂豫皖三省交界地区，是我军进行战略机动夺取中原和进军江南的重要战略基地。在十年内战和抗日战争时期，这里曾经是我们的根据地。这里的群众，有着光荣的革命传统，对我们有着深厚的感情。但是由于我军曾几次退出这个地区，群众受到反动派的残酷镇压，加上我军初到，反动统治还没有完全被打垮，还在时刻威胁群众，群众对我军这一次能否站得住脚还有怀疑。我们在大别山的任务，就是‘发动群众’和‘多打胜仗’，开动这两个车轮子，把革命推向前进。敌人一定会从其他战场抽出兵力来到这里向我们争夺和扭打。但是，我军从北方到南方，由平原到山地，由有后方到无后方，各方面都经历了新的变化，一定会感到不习惯，不适应。我们一定要克服这些困难寻找战机，歼灭一定数量的敌人，迅速实施战略展开，在地方党委统一领导下，放手发动群众，建立各级政权，开辟新区工作。搞得好，打它几个回合，我们就有可能站住脚。”

因为房子里很黑，刘伯承端着一盏油灯走到地图跟前，说："你们看，我们现在所处的地位是三山四河：三山就是大别山、泰山、伏牛山；四河就是长江、淮河、黄河、汉水。我们解放了这个地区，把蒋介石的精锐部队歼灭在这里，就可以置敌人于死地，中原逐鹿，鹿死谁手？蒋介石这个鹿，就死在共产党之手。中国古代历史上，谁要得到中原，谁就能控制中国。我们同蒋介石争夺这个战略地区是你死我活的斗争。我们坚持在大别山，是义无反顾的。"接着，刘司令员具体地规定了部队的任务，用两个纵队在大别山北部堵住敌人，寻机歼敌。其余纵队在皖西和鄂东地区推进，实施战略展开。

在我实行战略展开时，蒋介石慌慌忙忙以23个旅的兵力跟过淮河，对刘邓大军实行追击和"围剿"，企图在我立足未稳的时候，利用我无后方作战的困难，把我们歼灭或"困死"在大别山。

当时，在全国战场上我军正在实行外线进攻，但在大别山这个局部地区，我军却变成了内线防御；在战略上我军是前进了，但在装备、供应等等方面却后退了。部队的一举一动无不感到无后方作战的严重困难。同时，进到大别山的敌人，除了向我军进行"围剿"以外，还从日本人冈村宁次和美国人那里学来了什么"三网政策"（谍报网、公路网、碉堡网），制造无人区，煽动地主富农武装叛乱，威胁群众不准接受我们，给我们的工作带来了很大的困难。

在大别山的斗争中，我军广大指战员发扬了英勇顽强，不怕牺牲，不怕疲劳的作风。在敌人优势兵力的进攻面前，在无后方依托和山高路窄、地形不熟、后勤供应得不到保障、伤病员无法安置等等严重困难条件下，我军一面连续作战，一面担负着工作队的任务。但是，由于情况紧急，思想工作一时跟不上，有部分同志只看到暂时的局部的困难，对全国的胜利形势和本身执行任务的重大意义认识不足，产生了对信心不足的右倾情绪和某些违法乱纪的现象。

刘邓首长抓住了这种思想苗头，9月下旬，在光山的王大湾召开了旅以上的高级干部会议。邓政委在会议上，对全国形势作了分析，他说："党中央对我们这次行动的意义，作了充分的估计。现在，我们不但保存和进一步巩固了原有解放区的基本区域，而且把战争引向蒋管区迫使蒋介石把战线由黄河移到长江。同志们可以看到，中央这步棋下得多么英明，多么有远见。可是，我们有些人只看到自己的艰苦，而看不到全国战局这种新变化，个别人甚至产生右倾情绪和违法乱纪现象，这种错误倾向是绝对不能允许的。"

王大湾会议以后，各部队争取打胜仗的竞赛运动又轰轰烈烈地开展起来了。

10月3日，党中央发表了人民解放军宣言，颁布了解放军口号和重新颁发了三大纪律八项注意。党通过人民解放军宣言，提出了“打倒蒋介石，解放全中国”的口号，宣布了党的八项基本政策。

同一天，党中央还公布了土地法大纲，宣布废除封建性半封建性剥削的土地制度，实行耕者有其田的土地制度。

1947年8月31日，邓小平在大别山区光山县北向店召开的干部大会上讲话

党中央这些重要文件的发表，大大坚定了部队和人民群众坚持大别山斗争的意志。大家感到前进的方向更明确了，胜利的信心更足了，战胜困难的办法更多了。

根据党中央的指示和王大湾会议精神，部队继续完成战略展开，每个纵队抽调干部和老区翻身战士一至二千人参加地方工作。在地方各级党委的领导下，又增加了这样一支生力军，群众很快就组织和发动起来了。在敌人到达大别山北部地区企图对我野战军主力实行合围时，我另一部主力突然乘虚出鄂东，歼敌地方武装八百余人，并在黄陂以东的柳子港、李家集歼敌五十二师和新十七旅的一部分。接着挺进皖西的一个纵队，全歼了敌六十二旅四千余人。打了这几个胜仗以后，我军主力继续向长江沿岸推进，攻克了武穴、团风等重镇。

1947 年 8 月 27 日，刘邓大军胜利到达大别山麓

这时，如惊弓之鸟的蒋介石对我军的动作又作了错误的判断，以为我军马上要打过长江。

他立即命令与我军在山南周旋的四十师和八十二旅，迅速尾追我军，阻挡我军过江。刘邓就在敌人不意中，指挥部队杀了一个回马枪，在广济的高山铺地区，把这股敌人全部消灭了。如果是在解放区的内线作战，消灭敌人一两个师是不足为奇的，可是居然在大别山这种无后方作战的困难条件下，也能整师整旅地消灭敌人，这就证明：只要我军正确地执行党中央的指示，在刘邓首长的亲自指挥下，发扬指战员的高度积极性和主动性，善于捕捉战机，即使条件再困难，也是同样可以取得胜利的。

经过几个月的艰苦斗争，我军在大别山终于站稳了脚跟，实现了党中央指出的最理想的目标。

这样，刘伯承、邓小平同志率领的晋冀鲁豫野战军（后改称中原野战军）以大别山为依托，直接威逼长江；陈毅、粟裕同志率领的华东野战军，依托山东作战，主力突入豫东地区；陈赓同志率领的晋冀鲁豫野战军太岳兵团突入豫西，依托伏牛山作战。

三路大军，互为犄角，布成“品”字阵势，在黄河以南，长江以北，西起汉水，东迄黄海的广大的中原土地上伸展开了手脚，向敌人实行大规模的进攻。

真正的中原逐鹿之战就要开始了！

风雨同舟大别山

苗冰舒在《刘邓大军在中原前线》中回忆：

一天，在大军指挥部住的村庄外面一条洒满阳光的小路上，刘伯承、邓小平等首长，有说有笑地在散步。

邓小平政委点燃一支香烟，说：

“太行山，大别山！我们从太行山头，跃到大别山头上来，这可不简单哪！我们向南挺进一千里，上了大别山，开始了战略进攻，打乱了蒋介石内战的部署，这下该敌人手忙脚乱了。”

“东望江浙，西连巴越；南逼湖广，背靠豫皖。凭高踞险，瞰制中原！多么重要的战略要地！这里是敌人的心腹地带，我们正像插到这儿的一把利剑！”刘司令员攥着有力的拳头，犹如握着锋利的剑柄，接着说：“我们这回使他们鲠骨在喉、芒刺在背，‘委员长’能不着急吗?”

忽然，一架有“青天白日”标记的银灰色敌机，从南京方向飞来。

飞机沿着山岭和山沟转悠着，突然在飞机尾部拉起烟来，过了一会儿，半空中飘起红红绿绿的纸片。警卫员连忙跑去拾起几张，递到司令员和政委的手上。这些纸片中，有蒋介石的《告大别山民众书》，有《致刘邓部官兵公开信》，还有……

“这是什么?”刘司令眼力不济，他没有换眼镜，所以看不清楚上面印的字，他问邓政委：

“还有我们两个的照片?”

“是。”邓政委只朝传单上瞥了一眼，他风趣地说：“用不着我们花钱，白洗这么多照片！”

在这张传单上，印着蒋介石的手令，上面是一行醒目的大字，最高赏格。传单中说，谁若能活捉刘、邓，悬赏五百万元……

刘司令员逗着笑说："想不到我们还很值钱嘛！抓住我们他就成了百万富翁咯！"

"这正是蒋先生的悲剧，他悬了多少次赏，能把共产党人怎么样?!"邓政委只是向红绿传单上瞟了一眼，便顺手递给了别人。

1947年10月，大别山的气候已经渐渐转冷。由于晋冀鲁豫野战军刚到新区，群众还没有发动起来，政权才开始建立，粮食、被服、弹药、药品等十分紧缺。从司令、政委到普通战士，身上穿的还是单衣服，睡觉盖的只有毯子和夹被。然而，在这极度艰难困苦的条件下，刘伯承、邓小平一直与部队同甘共苦，共渡难关，他们的实际行动教育和鼓舞了广大指战员。

刘邓大军千里跃进大别山后，远离后方，十多万人的过冬棉衣如何解决是个大问题。中央深知刘邓所面临的困难，非常关心十多万官兵的冷暖，周恩来副主席及时拍来电报，说党中央和解放区人民非常关心刘邓大军的冷暖，正在筹备棉衣，准备调部队护送去。但是，关山阻隔，封锁重重，运送这十多万套棉衣谈何容易，这要付出多大的代价，会有多大的牺牲啊！邓小平和刘伯承仔细研究商量后，给周恩来副主席复电，表示要自己动手，解决全军寒衣。

刘邓大军十多万人，住在大别山的穷山沟里，远离大城市和集镇贸易场所，去哪里找这么多的布匹和棉花？又去哪里找这么多的裁缝师傅和缝纫机？面对困难，邓小平指出：我们千里跃进来到大别山，在敌占区进行无后方作战，现在是最困难的时候，大家要想办法克服困难。困难确实是有，没有困难还要我们这些共产党员干什么？我们这个军队还有一个最大的长处，只要自己动手，就没有克服不了的困难。

不久，部队转战到鄂豫皖三省交界的福田河地区。邓小平和刘伯承号召部队抓紧时间休整，并自己动手解决冬装问题。根据这个指示精神，部队采取战略行动，在长江边上比较富庶的地区展开。一边打击敌人，一边解决布匹和棉花的来源，并把弄来的布匹和棉花分到各部队，刘邓首长带头，亲自动手做棉衣。

有一位纵队首长，出自对野战军首长的爱护，特地派人送来几套已做好的细布新棉衣。邓小平和刘伯承收下后，却立即派人把这些衣服给站岗放哨的战士们送去，他们要和普通士兵一样，自己动手，丰衣足食。

邓小平和刘伯承用树枝弹棉花，动手缝衣服。他们还亲自到部队，指导战士做棉衣。有个战士费了九牛二虎之力，衣服裁剪好，在上领口时，前边不合拢，后边却背着个大包包。其他的战士往这个包包里放了个大碗，看起来可笑极了。战士们正笑得合不拢嘴时，邓小平和刘伯承双双走进院子。

战士们一看首长进来了，都吓了一跳。刘伯承见状，走上前去，从后衣领里掏出那只碗，叫战士把衣服脱下，邓小平替他抻着袖子，刘伯承拿起剪刀，比着碗口。裁好了领口，其他同志用针线细缝，一件棉衣终于做好了。

邓小平这时兴致勃勃地把那件刚做好的新军服穿在身上。笑着说："你们看！这穿在身上，不是很好吗？地道的中国手工艺品！"

邓小平幽默乐观的话语，极大地鼓舞了在场的战士们，增强了他们自己动手缝棉衣的信心。不久，整个野战军在邓小平、刘伯承的带动下，都穿上了新棉衣，顺利地度过了转战大别山的冬季。

夏云超在《难以忘却的往事》中回忆了发生在大别山的另外两件事。

一件事是关于一条毛毯的故事：

1947 年 10 月，大别山的气候已经渐渐转冷。由于部队刚到新区，群众还没有发动起来，政权才开始建立，粮食、被服、弹药、药品等都很缺。从司令政委到普通战士，身上穿的还是单衣服，睡觉盖的还是毯子和夹被。然而。在这极度艰难困苦的情况下，刘邓首长一直与部队同甘共苦。

到了豫鄂皖三省搭界的福田河地区，根据刘邓首长的指示，部队正抓紧时间休整，并自己动手解决冬装问题。在此期间，刘邓首长几次来到我们警卫团驻地，他们一面视察部队的情况，一面给我们讲跃进大别山的重大意义。

刘司令员看到我们不会做衣服时，就亲自给干部战士讲制作的方法，他把碗在布上一扣，说：剪个圆口子，就是领口；中间剪一刀，就是开襟；边上缝一缝，就成衣服。大家一学就会，棉衣很快做好了。

邓政委在一次讲话中，就部队面临的严重困难，指示说："我们千里跃进来到大别山，在敌占区进行无后方作战，现在是最困难的时候，大家都要想办法克服困难。困难确实是有，没有困难还要我们这些共产党员干什么？司令员对大家很关心，实际上他比我们更困难。他年近花甲，还同部队一起行军作战；现在已到寒冬时节，晚上很冷，我们只好叫警卫员给他多铺一点稻草。”

听了邓政委情深意挚的话，同志们心情非常激动，再看看司令员的马袋子是那样的单薄，大家实在不忍心。

正当我们着急想办法的时候，不知谁说了一句话：

“有办法了，咱们把打土豪交来的一条毛毯给司令员送去，晚上睡觉的时候，叫警卫员给他盖上。”

大家不约而同地说：“这个办法行。”

可是司令员知道以后说什么也不要，还给警卫员讲了许多道理。转移宿营地后，警卫员在搭床时又偷偷地把毛毯垫在他铺底下，后来不知怎的，他睡觉时又摸出来了。

司令员问：“是谁给加的？”

警卫员说：“是团长让加的。”

后来司令员把我叫去批评了一顿，并语重心长地说：“大别山是老根据地，我军几进几出，敌人几次扫荡，老百姓好苦呀！我们是人民的军队，要与人民群众同甘共苦。我说过我们在大别山的斗争，就好像一辆车上的两个轮子：一个轮子是消灭敌人，一个轮子是发动群众，如果不同时开动这两个轮子，就不可能在大别山坚持斗争。三大纪律八项注意你记得吗？一针一线都不能拿。浮财是人民的，赶快把毛毯交给老乡。”他说着就叫我拿走。

邓政委自己衣单被薄，还时刻想着老友的冷暖；刘司令员全心全意为人民，正气浩然。两位首长的深情厚谊，对我教育很大。

还有一个故事和一副担架有关：

部队昼夜兼程，转战到了金寨县南边斑竹园地区。这里山高路窄，部队行军很困难。有时连骡马行走，都要人前拉后推才能上得去。我们年轻人走了一天下来，还累得不行；刘司令员年事已高，眼睛不好，常拄着棍子爬山越岭，指挥打仗，其艰难程度就可想而知了。

在一次夜行军，我随一连（该连担任首长警卫）行动，听到刘邓首长在说话。

邓政委说：“夜间这么黑，你骑在马上（其实是骡子），要是马一失蹄，把你摔了就不得了。你还是把马解放一下吧，下来我们俩一道慢慢走，还稳当些。”

刘司令员说：“老马识途。它有夜眼，不怕天黑，走路特别小心，连一个小小的坑洼，也要用鼻子闻一闻，侦察清楚了才走。你放心吧，摔不倒的！”

政委又很不放心地说：“不管怎么着，总叫人担心！”

接着他又转告警卫员们要特别小心，千万不要摔了。两位首长虽然有说有笑，但我作为警卫人员，内心感到很不安。

有一天，军政处长杨国宇同志找我谈起了刘邓首长的事。

他说：“一号（刘司令员）的情况你们都知道，二号（邓政委）讲，你们团想个办法，搞一副担架，你看行不行？”

我当即回答说：“行！”

杨接着说：“要做好思想工作，政委讲要特别注意两点：一是保证安全，不能摔倒；二是保证不掉队，他还要指挥打仗。”

我说：“保证没有问题。”

当时我们很快从炮兵连选了十几个大个子，大家听说抬司令员，心里都很高兴。后来确定是8个，由警卫班长叶智培担任担架班长。

他们去了以后，司令员指着担架说：“这叫啥子么？”要把他们打发回来。

叶智培问我怎么办？我说你就说是二号说的。司令员听说是政委叫他们来的，就不说话了，但还是不坐。

后来刘司令员把我叫去问道：“是谁叫你搞担架的？”

那时我只好回答说：“是邓政委指示杨国宇的。杨国宇看你上山太困难，拄着棍子走。”

司令员说：“我哪天掉过队？你知道吗，我坐着担架像个啥子？国民党当官的坐着担架脱离士兵，光打败仗。你是带兵的，要多爱护战士。”说着，就叫我把担架撤了。

我说：“这是杨大人（杨国宇的外号）说的，我得请示他一下再撤，还是先留着吧，抬个伤病员也行。”

司令员笑了，我心里也明白了。

可是以后不管怎么劝，他还是坚持不坐担架。

像这样，发生在刘邓身上的故事，真是怎么讲也讲不完啊！

大别山上严治军

刘邓大军进入大别山后，邓小平把严格执行三大纪律八项注意作为争取群众的重要一环，要求各级指挥员带头执行。

一天，邓小平率野战军司令部来到黄安（今红安）县七里坪的一个村子，当他听说村里有个红军家属，家里只有三升米，而部队征粮的同志却硬要征他两升米时，既生气又着急，他对刘伯承说："如果照此下去，老百姓不是更不敢接近我们了吗?"他们连夜商量，起草了一份《粮草通知》。主要内容是：部队征集粮草一定要给钱，未付钱的要打借条，同时要向老百姓说清楚，革命胜利后，我们一定如数付清。

《粮草通知》下发后，邓小平又在不同场合反复强调，执行《粮草通知》，就是具体贯彻三大纪律八项注意，这不是件小事，而是关系到党的政策和我军的声誉的大问题，一定要严格执行。

刚到大别山的一段日子里，由于部队连续行军打仗，非常疲劳，加上老百姓对解放军不了解，带着自己的东西都上了山，部队中有些人对此不理解，发牢骚，讲怪话，破坏纪律的现象时有发生。

为了解决这一问题，1947年9月2日下午，邓小平在经扶县小姜湾村专门主持召开了整顿纪律的干部大会。这是部队进入大别山的第7天。这天天气不好，下着毛毛细雨，干部们都坐在村旁的草地上。

刘伯承首先发言，他大声说道："部队刚到大别山，纪律就这么坏，如不迅速纠正，我们在大别山是站不住脚的！"

邓小平的讲话更严肃："部队纪律不好，这是我军政治危机的开始，而政治危机必然带来军事危机，后果不堪设想。要知道，群众并不是注定要跟我们走的。如果我们纪律不好，骚扰百姓，为什么他们不可以跟别人走呢？现在，群众还不了解我们，对我们能否站住脚还有怀疑，不敢接近我们。我们要多打胜仗，坚决执行群众纪律，才能取得他们的信任。以后，凡是出现群众纪律问题，要首先追究有关领导的责任。领导干部抓紧群众纪律是个关键。只要各级领导警惕起来，亲自动手，纪律问题可以很快地解决。我们军队的本质是好的，政治工作的基础是好的，问题是领导干部要懂得这个问题的严重性。"

就在邓小平讲话之际，他忽然看见路上一支部队用了四五个群众向导带路。他马上中断讲话，自己去具体帮助这个部队减少向导，留下了必需的两个老乡带路，让其余的高高兴兴地回家去了。邓小平对这个部队的负责人说："要这么多的向导有什么必要？浪费民力是要受到惩罚的。只有十分爱惜民力，我们才能长期站住脚。"

在这次会议上，邓小平亲自为所有到达大别山的部队约法三章：以枪打老百姓者，枪毙；掠夺财物者，枪毙；强奸妇女者，枪毙。他还要求所有指战员互相监督，严格执行，并专门成立了执法小组。

约法三章公布不久，便发生了这样一件事。有个副连长未经店主同意，拿了店里的粉条、花布、火柴等东西，正好被执法小组碰上了。邓小平听了汇报，沉思片刻，当即下令按约法三章处理，枪毙这个副连长。

公审大会开始了，部队坐在一边，前来观看的老百姓坐在另一边，整个会场静悄悄的。由于这个副连长平时表现不错，许多人请求饶恕他，给他一个立功赎罪的机会。那个店主也闻声赶来求情："早知大军纪律这么严，说什么我也不跑上山。如果家里有人，就不会发生这样的事了，请刀下留情。"

副政委张际春见状也动了恻隐之心，请示邓小平能否宽大处理。

邓小平听了严肃地说："群众的话，我们可以理解。但既规定了约法三章，就不能说话不算数，失信于民。如果对一个副连长姑息、迁就，不能执行纪律，那么今后，更多的人触犯纪律怎么办？不下决心严整军纪，部队的纪律就会继续坏下去，群众就更不相信我们，而我们在大别山也就站不住脚！"

当天下午，这个副连长在群众公审大会上被枪毙了。

这件事在部队和当地群众中引起了强烈的震动。从此，进入大别山的部队纪律严明，再也没有发生破坏群众纪律、损害群众利益的现象。

"竭泽而渔"这个成语人们都清楚，原意是讲把池水放干，然后去捉鱼，后常用来比喻只顾眼前利益，而不顾长远利益的行为。刘邓大军在大别山坚持斗争期间，也发生过一件"竭泽而渔"的事情。

1948 年春节来临之际，挺进大别山的指战员利用休整之机，都想在春节期间改善一下伙食。有人来到池塘捉鱼，可是手中没有工具，怎么把鱼捉上来呢？

这时，突然有人说道："有办法了！我们把池塘里的水放掉，不就可以捉到鱼了吗？"

其他人一听，都认为是个好主意。很快，池塘被挖开了口子，战士们找来简单的工具在流水口截鱼。水流干了，捉到了几百斤鱼。

正当战士们兴高采烈地庆贺这一收获时，邓小平走了过来。

见此情景，他吃了一惊。他严肃地对大家说，池塘的水是群众备旱用的，你们“竭泽而渔”，满足了眼前的口福之享，却损害了群众的利益。

听了邓小平的一席话，大家后悔莫及，可覆水难收，战士们只好向群众道歉并赔偿损失。

事后，邓小平亲自起草了通知，号召全体指战员处处留心群众利益。

这一件件小事，由于都事关群众利益，因此在邓小平看来，小事不小。所以，对这些小事的处理，邓小平非常认真，一丝不苟，唯恐解决不及时而使群众利益受到影响和损失。

透过这一件件小事，我们看到，“人民是一切的母亲”，这不仅是邓小平的至理名言，更是他处理同群众关系的最高准则。

第十二章　决战时刻

决战淮海

1948 年秋，中国人民解放军同国民党军的力量对比发生了根本变化，在解放军的强大攻势下，中原地区的国民党军各个集团已经不能构成完整战线，蒋介石收缩在徐州地区的南线主力，已处在中原和华东野战军的夹击之中。

解放战争进入了夺取全国胜利的战略决战阶段。

至 11 月初，随着济南战役、辽沈战役的胜利，毛泽东说，中国的军事形势已进入一个新的转折点。人民解放军不但在质量上早已占有优势，而且在数量上也已经占有优势。“现在看来，只需从现时起，再有一年左右的时间就可能将国民党反动政府从根本上打倒了。”

此时，在中原和国民党军重兵集团战略决战的时机已经成熟。

1948 年 11 月 6 日，历时 66 天的淮海战役打响了。

对于这次战略决战，国共双方都非常关注。

蒋介石说，徐淮会战实为我国家存亡之最大关键。

中共中央主席毛泽东也明确指出，此战胜利，不但长江以北局面大定，即全国局面亦可基本解决。

为了保证淮海战役的胜利，中央军委决定成立以邓小平为书记的五人总前委，成员有刘伯承、陈毅、粟裕、谭震林，执行领导淮海前线军事和作战的职权。统一领导与指挥华东、中原两野战军。在原拟淮海战役计划基础上，以徐州为中心与蒋介石最大的战略集团进行大规模决战。

11 月 6 日，人民解放军发起淮海战役。

邓小平命令徐州以西的中野主力及华野一部共 6 个纵队，在徐州西侧陇海线上的商丘、砀山段 70 公里处，发起猛攻，并控制了由此至郑州的 300 公里铁路线，直逼徐州。

1948年11月，中共中央革命军事委员会决定成立五人总前委，这是总前委成员合影。左起：粟裕、邓小平、刘伯承、陈毅、谭震林

华野主力在粟裕的指挥下，在徐州以东对黄百韬兵团发起猛攻，将第七兵团合围在碾庄。

11月11日晚，邓小平在临淮集文昌宫召集杨勇、陈赓、陈锡联、秦基伟等纵队司令员开会。

邓小平说明了攻占宿县的重要意义。他指出：此次中原野战军4个纵队从正面扑向津浦线，夺取宿县，控制徐州、蚌埠段，对直接配合华野歼灭黄百韬兵团，对防止徐州敌重兵集团南逃，特别是对阻止由平汉线确山东进急援徐州之敌黄维兵团，都有重大意义。我们占领了宿县城，控制了徐蚌两侧广大地区，就有了战场，就可以腾出手来，对付黄维兵团。

最后邓小平指出：淮海战役关系到中国革命的进程，必须全力以赴，不惜任何代价，坚决大胆地去夺取战役的胜利。“为了这个目的，在淮海战场上，只要歼灭了敌人南线主力，中野就是打光了，全国各路解放军还可以取得全国胜利，这个代价是值得的。”

会后，各纵队司令员连夜召开会议，传达首长指示和野司部署，认真讨论了作战方案。兵分三路，以急行军速度向宿县地区开进。经过连日激战，终于在11月16日胜利攻占宿县城。

攻占宿县，吸引了徐州之敌南顾，减轻了东援的压力，有力地配合了华野主力围歼黄百韬兵团的作战。

11月21日，粟裕接总前委电令，组织部队强攻碾庄。11月22日攻克碾庄。我军以歼敌正规军18个师的战绩结束了淮海战役第一阶段的战斗。

11月23日，毛泽东在给刘、陈、邓等祝贺淮海战役歼灭黄百韬兵团和第一阶段伟大胜利的电报中，对攻占宿县切断徐蚌线，作了很高评价。毛泽东说：“你们消灭了刘峙系统正规军18个整师（包括争取何张3个师起义在内），并给邱清泉、李弥、孙元良、刘汝明4个兵团以相当打击，占领徐州以南、以东、以北、以西广大地区，隔断徐蚌联系，使徐敌陷于孤立地位，这是一个伟大胜利。在战役发起前，我们已估计到第一阶段可能消灭敌人18个师，但对隔断徐蚌，使徐敌完全孤立这一点，那时我们尚不敢作这种估计。”

也就是在这一天，总前委和中野指挥部进驻宿县小李家村。

指挥部设在一个大院子里，刘伯承、陈毅、邓小平三人，住在村边一处偏僻的小院子里。三个人住着一个里外间，邓小平和陈毅住在外间，年龄最大的刘伯承住在里间。

三个人中邓小平年龄最小，身体也好。在对黄维兵团的作战中，他主动担负了战役的具体组织指挥工作。邓小平对刘伯承、陈毅说，“具体工作让我多做些，夜间值班我也多值些。”他还向作战科宣布：一般事情多找他请示报告，重大事情同时报刘、陈首长。

淮海战役的第二阶段，是打敌黄维兵团，还是打敌李延年、刘汝明两兵团，或是进攻徐州地区的杜聿明、邱清泉、李弥、孙元良等部，总前委常委及时向中央军委提出了自己的看法。

原华东野战军参谋长张震回忆说：“小平同志审时度势，一看到这个情况，认为只有把黄维兵团歼灭，因为黄维兵团已经走得精疲力竭了。”

黄维兵团是蒋介石嫡系精锐兵团之一，下辖12万余人，其中十八军号称蒋军“五大主力”之一，且全副美式装备。中野开始参战的总兵力也不过12万余人，且装备处于劣势。要啃黄维这块硬骨头，是相当吃力的。但是歼灭黄维兵团的作战，关系整个战役的进程，对解放全中原有重要作用。中野指战员遵照总前委指示，决心不惜任何代价，在华野协同下，与黄维兵团进行决战。

黄维兵团18日进至蒙城地区后，即遭中野部队的顽强阻击。24日上午黄维兵团强渡浍河，进入我军预设的袋形阵地。黄维发觉自己处于不利态势，仓皇调头南撤，中野部队于当日黄昏全线猛烈出击。25日晨将黄维兵团包围在双堆集一带，开始进入“完成包围、紧缩包围、准备攻击，及对付敌人攻击”的第二阶段。

被围的黄维，根据蒋介石的命令，先是精心挑选了4个主力师在飞机、坦克、炮火掩护下，向东南方向突围，被中野第六纵队和陕南独立旅所击退。

恰在此时，4个主力师中的一一〇师趁突围之机率部起义。

1948年11月6日至1949年1月10日，华东、中原两大野战军发起淮海战役

这个师早在1946年就在邓小平的精心策划下，秘密建立了以地下党员、师长廖运周为书记的中共地下组织。淮海战役开始后，邓小平指示他们，相机举行起义。一一〇师的起义，在敌人内部引起极大震动。

黄维见突围无望，即调整部署，就地固守。在短短的时间里，迅速构筑了大量土木工事和永久工事，将近千辆战车围成一座围墙，形成了一道强固的防御体系，等待南北增援。

蒋介石见形势危急，急令徐州杜聿明部增援黄维。

杜聿明率30万之众，撤离徐州，企图救出黄维后南撤，却被华野部队全部合围于陈官庄一带。

在围歼黄维的日子里，邓小平整天守在作战室，每天工作到深夜。

为了尽快歼灭黄维兵团，刘、陈、邓把部队分成东、西、南三大突击集团，从三个方向向黄维发动猛攻。

12月5日召开了有各纵队司令员参加的总前委会议，下达《总攻黄维兵团命令》，邓小平斩钉截铁地说："我们的决心是拿出拼老命的精神，在双堆集消灭他的嫡系——十八军，坚决摘掉'总统'王冠上的这颗红宝石！"

12月6日，陈赓率东集团，陈锡联率西集团，王近山率南集团，向黄维兵团发动了空前激烈的总攻。激战至15日12时，全歼黄维兵团10万余人，俘虏兵团司令黄维、副司令吴绍周（兼八十五军军长）等人，圆满地完成了淮海战役第二阶段的任务。

12月18日，中共中央致电总前委及华野、中野领导和全体参战军民，热烈祝贺淮海战役第二阶段作战的伟大胜利。

1949年1月6日，华野对杜聿明集团发起总攻。至10日下午全歼杜聿明集团，生俘杜聿明，击毙邱清泉。

淮海战役共歼灭国民党军55万人，解放了长江中下游以北广大地区，使蒋介石的精锐主力损失殆尽，反动统治的中心南京以及上海、武汉等地，处于人民解放军直接威胁之下。

这是一个了不起的胜利，是战争史上以少胜多的战例。据说，斯大林知道后，连声说：奇迹，真是奇迹！

淮海战役胜利后，毛泽东对邓小平等人说，淮海战役打得好，好比一锅夹生饭，还没有煮熟，硬被你们一口一口地吃下去了。

邓小平后来说："在我一生中，最高兴的是解放战争的三年。那时我们的装备很差，却都在打胜仗，这些胜利是在以弱对强、以少对多的情况下取得的。"

百万雄师过大江

在淮海战役的硝烟尚未散尽之时，毛泽东和中央军委已经开始考虑举行渡江战役。毛泽东在1949年的元旦献词中，向全党全军提出了一项伟大而光荣的战略任务：1949年中国人民解放军将向长江以南挺进，粉碎敌人的政治阴谋，把伟大的人民解放战争进行到底。

根据中央军委的指示，中原野战军和华东野战军进行了整编，改称第二和第三野战军，加强对渡江战役各部队组织上的领导和协调。邓小平动员组织中原和华东解放区的广大军民协调行动，以保证渡江战役的顺利进行。

在渡江战役正式打响前，邓小平和总前委的成员一起全身心投入到一系列的周密准备工作中，决不打无准备之仗。为此，邓小平连续召集总前委和华东局的干部会议，研究渡江战役的作战部署问题。

渡江战役什么时间发起最为适宜呢？这是一个牵一发而动全身的大问题，时机的选择直接关系到渡江战役的成败利钝，这不仅是中央军委、总前委以及第二、第三野战军首长都十分关注的问题，也是作为渡江战役的总前委书记邓小平倍加关切的问题。

早在1948年10月11日，中央军委曾经设想，在举行淮海战役、歼灭长江以北地区国民党军主力以后，于1949年秋举行渡江战役。随着淮海战役的顺利进行，中央军委于1948年12月12日致电总前委，建议把原计划提前在1949年5月或6月间进行。

1949年1月底，淮海、平津战役胜利结束，全国的军事形势发生了有利于人民解放战争的根本变化，经过三大战役，国民党军队损兵折将，元气大伤，士气极为低落，加之其内部派系倾轧，矛盾重重，难以组织起强有力的军事防御体系，而中国人民解放军则士气高昂，战斗力大大增强，处于压倒的优势，举行渡江战役的基本条件已经具备，为此中央军委于1949年2月3日要求两大野战军抓紧做好准备，提前于三四月间渡江南进。

邓小平根据中央军委的最新指示，于2月8日主持召开总前委会议，讨论渡江作战的时机问题，认为以3月底开始渡江作战，4月初战役展开，在季节上比较有利，中央军委同意了这一方案。

正当邓小平和总前委全力准备举行渡江战役时，我党正和国民党政府进行谈判，为此，中央要求渡江战役开始的时间延后到4月10日，以配合国共和谈，争取和平渡江，当然也不放松武装渡江的准备。邓小平和陈毅等研究后认为，4月10日正值阴历十五，明月当空，不利于渡江的隐蔽性，主张推迟至4月15日黄昏渡江，这一建议很快获得中央军委的赞同。4月1日，国共两党正式就结束内战开始谈判，进展比较顺利，和平渡江的可能性在增大，为此，中央军委致电总前委：国共和谈截至4月20日为最后期限，以国民党同意我所提的八项条件为基础，渡江时间当推迟至4月25日。

邓小平看了军委的电示后认为，渡江战役的时机主要是为了配合国共两党政治斗争的需要，既然谈判的最后期限已定，那么渡江作战的期限也可以大致定下来了。邓小平全身心投入了渡江时机最终选择的工作之中，为此他仔细查阅了长江中下游近十年的水文气象资料，发现长江下游每年5月初江水开始上涨，水势甚大，这必将使江面变宽，增加渡江作战的难度，同时我百万雄师已云集江边数月，正值开春季节，粮草补给均渐紧张，如果过久推迟渡江时间，不仅军心和士气会受影响，也使后方补给工作难度增大。于是邓小平和陈毅商定，将渡江战役发起时间定在国共谈判的最后截止日期，即4月20日夜。这样，一来我方在政治上保持高度的主动，二来可占有天时地利。4月20日夜属阴历二十三日，月出于后半夜，且为下弦月，利于渡江的隐蔽性。邓小平于4月17日以渡江战役总前委的名义向中央军委电报了渡江战役时机的具体部署，中央军委与毛泽东于4月18日复电表示完全同意，称："20日开始攻击，22日实行总攻。一气打到底。"同一天，邓小平签发了总前委的渡江命令，指示"从20日晚开始后一直打下去，能先过江就应该先过江，不必等齐"。

为了保证渡江战役的突击性，邓小平和总前委采取了声东击西的战略战术，牢固掌握了战场的主动权。在渡江战役发起的前夕，我军频频调防，采取多点出击的战术，分散敌军的注意力，使其疲于奔命，巧妙地制造出敌军的江防空隙，为我军突破敌军的江防创造有利条件。

4月20日晚，渡江战役打响了。按预定方案，我百万渡江大军中第七、第九兵团第一梯队四个军首先起渡，在猛烈的炮火掩护下，全军将士和船工们高喊着"打过长江去，解放全中国"的口号，一时间，千帆竞渡，疾向江南驶去。邓小平和陈毅坐镇安徽肥东县瑶岗村，统一指挥整个渡江战役。

4月20日之夜是大江南北千百万人的不眠之夜，也是瑶岗村的不眠之夜，时至今日，人们还能清楚地记得邓小平和陈毅在作战室里彻夜守候，指挥渡江战役的情景。

最紧张的一夜在前线不断传来的捷报声中不知不觉过去了。21日午时，邓小平和陈毅向中央军委报告："昨（20日）夜，七、九两兵团渡江任务顺利完成，此刻正向繁昌、铜陵地区扩张。今（21日）夜二野三个兵团渡江，估计亦无问题。"子夜以后，毛泽东致电陈毅、邓小平，"庆祝七、九兵团渡江胜利!"紧接着，我东、西两渡江突击集团分别突破敌军江上防线，乘胜向纵深进攻，东集团军断绝了敌舰东逃的退路，西集团军渡江成功后，主力直趋浙赣线。至此，国民党反动派以为长江天堑可以阻止人民解放军前进的幻想破灭了，我军渡江三日即攻占南京，国民党反动政权的大本营土崩瓦解。

邓小平和总前委指挥下的百万雄师，从此横扫千军如卷席，在南中国大地上势如破竹，所向披靡。

统治中国长达22年之久的南京国民党反动政府，寿终正寝。

1949年10月1日，毛泽东同他的战友们，登上天安门城楼，庄严地宣布：

中华人民共和国成立了！中国人民从此站起来了！

邓小平和刘伯承、陈毅这些开国元勋们肩并肩地站在天安门城楼上，注视广场上鲜艳夺目的五星红旗在阳光照耀下冉冉上升，倾听着雄壮的《义勇军进行曲》那震撼人心的鸣奏，俯瞰着广场上三十万欢呼沸腾的人民群众和威武雄壮的游行队伍。在他们心中，领略的是一派胜利的豪情壮志，感受的是对未来新的国家、新的天地、新的事业的充满信心的渴望和追求。

中国人民，终于建立了自己的共和国。

从公元1949年10月1日起，中国那具有五千年文字记载的历史，翻开了完全崭新的一页！

发生在蒋介石的总统府里的故事

23日，我军攻占国民党中央政府所在地——南京。

国民党的青天白日旗，从南京总统府的旗杆上倏然飘下，落入尘埃。代之而冉冉升起的，是共产党那艳丽夺目的鲜亮的红旗。

几天以后，总前委进驻南京。

解放军攻占南京后，在“总统府”内，有的战士看见内墙上悬挂着一幅三米高、二米宽，由金银丝线绣成的金光闪闪的蒋介石全身绣像，一种阶级仇恨油然而生，忍不住用刺刀向蒋介石绣像的头、眼、胸等部位各捅了一刀，使这幅当年由浙江省主席聘请能工巧匠历时数月而织成的，献给蒋介石六十大寿的艺术精品遭到了人为的破坏。

邓小平很快从有关方面了解了这一情况，他对此非常生气，说：

“怎么能干这种蠢事？怎么能用感情代替纪律和政策？立即通令全军，一定要保护好文物和古迹，一定要把保护好南京的名胜古迹当作重要的接管工作教育来抓。”

邓小平还特意把犯了错误的战士找来，语重心长地对他们说：

“蒋介石是蒋介石，蒋介石像是蒋介石像。蒋介石是人民的公敌，而这张蒋介石绣像是艺术珍品，是劳动人民智慧和血汗的结晶。怎么能够捅坏呢？”

邓小平望着站在身旁的战士，循循善诱地说：

“你毁了它有什么意义？毁灭了绣像就打倒蒋介石啦？”

一席话说得犯了错误的战士羞愧地低下了头。

邓小平接着又以温和的语气说道："蒋介石绣像是一件艺术珍品，是历史留下来的纪念品，也是我们胜利的纪念品，怎么能破坏自己胜利的纪念品呢？"

就此事，邓小平还专门召开了会议，号令全军引以为戒。

在南京，邓小平和陈毅，还曾在庄严肃立的解放军战士队列中，走进了蒋介石的"总统府"，在蒋介石的总统宝座上，坐了一坐！

毛毛在《我的父亲邓小平》中回忆：

> 我问过父亲："你进总统府了吗？"
>
> 父亲说："进去了，是和陈伯伯一起进去的。"
>
> 我问："那刘伯伯呢？"
>
> 父亲说："他那个时候在西线指挥。"
>
> 我问："你们在蒋介石的总统宝座上坐了坐吗？"
>
> 父亲微笑了："总要坐一坐嘛！"

中国人民的儿子

中华人民共和国建国的时候，邓小平整整四十五岁。

四十五年，近半个世纪的时光。

当年那个满脸稚气、年方十六岁的邓希贤，从他走出四川的那一刻起，便迈向了他漫长而不凡的人生旅途。他也由一个稚气的爱国青年，成长为一名步入共产主义理想殿堂的战士。

他背负众望出洋求学，却屡遭挫折，求学不成却以一名共产党员的身份回到祖国。他踌躇满志，加入了大革命的浪潮，却经历了白色恐怖的腥风血雨。最终，他走上了战场，和军阀势力，和日本侵略军，和国民党军，整整打了二十年的仗。他曾经困惑，曾经迷茫，曾经痛苦，但他从来没有怀疑过自己的共产主义理想；他曾经失败，曾经挫折，但他却是最后的胜利者。

在他四十五岁的时候，他的名字——邓小平，已经与中华人民共和国的建党、建军、建国的历史，与整个的人民革命的历史紧紧相连，密不可分。

在党中央和毛泽东的领导下，邓小平和其他的开国元勋们，在战争年代，为开辟中华民族的新的纪元，立下了汗马功劳和不朽的功勋。

邓小平，作为他个人来说，也由一位青年革命者，成长为一名叱咤风云的革命家，成为独当一面的战略指挥官。

正如毛毛所言：

> 四十五年，是个不算短，也不算长的时间。
>
> 四十五岁对于大多数人来说，已走过人生的顶峰。有的人，快到五十了可能才开始找到事业的起点。绝大多数的人，积其一辈子的时间，经历的事情，可能都不及我父亲这四十五年中的一半。
>
> 四十五岁，是父亲漫长的一生中的一个里程碑。
>
> 但是，四十五岁，同时又是父亲政治生命的另一个新的起点。
>
> 父亲的前半生，这一半的道路，是辉煌的，但却不是最辉煌的。

不知邓小平在过四十五岁生日的那一天，是否回顾过这四十五年的历程。如果他回顾了，那可资回味的事情实在是太多了，也太丰富了，他完全可以扪心自问而无愧于世。

刘伯承和邓小平在建国之初时的合影

也不知，他是否曾展望未来，如果他展望了，相信他也一定会踌躇满志，充满信心，立志为了开创一番新的天地而继续奋斗不息。

邓小平的政治生涯，也就是从这一刻起，方才起步，方才开始迈向其光辉的巅峰。

他用鲜血和生命实践着他的诺言："我是中国人民的儿子，我深情地爱着我的祖国和人民！"

正当全中国人民沉浸在胜利的喜悦中，在为新中国的建立而欢呼雀跃的时候，邓小平又开始整理行装，奔向新的"战场"了……

这时的他，绝不会想象得到，这个世界上也没有人会想象得到，邓小平的人生道路，还要经过多少激流险滩……